美聯會心

楹联说社会主义核心价值观

陈奇峰◎主编

南方日报出版社
NANFANG DAILY PRESS
中国·广州

图书在版编目（CIP）数据

美联会心 ：楹联说社会主义核心价值观 / 陈奇峰主编. — 广州 ：南方日报出版社，2015.11
ISBN 978-7-5491-1312-5

Ⅰ. ①美… Ⅱ. ①陈… Ⅲ. ①对联－作品集－中国－当代 Ⅳ. ①I269.7

中国版本图书馆 CIP 数据核字(2015)第 228602 号

MEILIAN HUIXIN
美联会心——楹联说社会主义核心价值观

主　　编：陈奇峰
出版发行：南方日报出版社
地　　址：广州市广州大道中 289 号
经　　销：全国新华书店
印　　刷：佛山市浩文彩色印刷有限公司
开　　本：787mm×1092mm　1/16
印　　张：17.5
字　　数：90 千字
版　　次：2015 年 11 月第 1 版
印　　次：2015 年 11 月第 1 次印刷
定　　价：46.00 元

投稿热线：（020）87373998-8503　读者热线：（020）87373998-8502

网址：http://www.nanfangdaily.com.cn/press　http://www.southcn.com/ebook

序

顾作义

楹联，又称对联，是中国优秀传统文化的表现形式，常与书法结合，成为中华民族绚烂多彩的艺术独创。它字句凝练，整齐精严，平仄协调，易于记诵，短则三四字，长则千百言，或题咏山川名胜，或歌颂风物岁时，可以挂于门外，也可悬于座右，既可目箴，发抒怀抱；也可勉人，裨益人心。喜丧节庆之时，寺庙居厝之处，都可见到它的身影。可以说，从古至今，楹联早已融入寻常百姓家，为人所喜闻乐见，入脑入心了。

习近平总书记在中共中央政治局第十三次集体学习时强调，培育和弘扬社会主义核心价值观必须立足中华优秀传统文化。牢固的核心价值观，都有其固有的根本。中华传统美德是中华文化精髓，蕴含着丰富的思想道德资源。继承和弘扬中华优秀传统文化并对其进行创造性转化，推动中华优秀传统文化的创新发展，充分发挥以文化人、以文育人作用，使中华优秀传统文化代代相传，是我们必须研究的重大课题。

《美联会心——楹联说社会主义核心价值观》一书正是借助传统对联、书法来培育和践行社会主义核心价值观的有益尝试。陈奇峰主编从古今浩如烟海的众多联文中披沙拣金，遴选了百余副美联雅对。这些对联言简意深，内容丰富，情感积极向上，抒发的是家国情怀、社会正气，倡导的是美好品德、友朋厚谊，正与社会主义核心价值观的十二个关键词桴鼓相应。如“民靠勤劳富，国因改革兴”“中华腾飞，鹏程万里；民族崛起，彪炳千秋”，发的是国家强盛的宏愿；“力填平等路，血灌自由苗”“自由人向往，平等世追求”，是为自由、平等的社会而呐喊；“立身以至诚为本，读书唯明理为先”“慧眼观人长处，正心慎我独时”，意在塑造完满的人格。

全书对联按照国家、社会、个人三个层面，富强、民主、文明、和谐、自由、平等、公正、法治、爱国、敬业、诚信、友善十二个关键词进行分类。每副对联之后，均注明出处，并撰有短小精悍的读联心得，可为读者领会对联的真正意涵以及培育和践行社会主义核心价值观提供不少助益。

二十位广东知名书画家为本书所收录的对联进行书法创作，是本书的又一亮点，足可锦上添花。这些书法字体多样，或楷或行，或篆或隶，或以雄沉劲健、雍容端朴见长，或以俊秀潇洒、温婉流丽为胜，书文双美，艺趣相生，给人陶然兴会的雅逸美感，真正将对联之雅、书法之美很好地展现了出来。

我希望读者通过对这百余副传统美联的品读及翰墨的欣赏，能够得到真的感悟、善的陶冶、美的享受；能够将其中所包孕的社会主义核心价值观内涵和哲理领会于心，外化为行。

是为序。

2015年9月

（作者系广东省委宣传部副部长、省文明办主任）

目录

关于国家

富强 民主 文明 和谐

“国家好，民族好，大家才会好。”习近平总书记这句平实的话告诉我们这样一个深刻道理：每个人的前途命运都与国家、民族的前途命运紧密相连，只有民族兴旺、国家富强，个人才有安全和幸福。反之，国家贫弱，民族衰败，个人必然遭殃，正所谓覆巢之下焉有完卵，乱世之局岂能独善其身？

富强

富　强

实现中华民族伟大复兴，就是中华民族近代以来最伟大的梦想。

——习近平2012年11月29日在参观“复兴之路”展览时的讲话

联文

天下太平，文官不爱钱，武官不惜死
乾坤正气，下则为河岳，上则为日星

出处

民国·王芊题杭州西湖岳王庙集句联

读联随笔

此联上联典出《宋史·岳飞传》，原文是："帝初为飞营第，飞辞曰：'敌未灭，何以家为？'或问天下何时太平，飞曰：'文臣不爱钱，武臣不惜死，天下太平矣。'"意思是，宋高宗见统帅官在杭州都建有府第，也想为岳飞建造府第，岳飞辞道："敌未灭，何以家为？"然后高宗又问及何时天下太平，岳飞才以"文臣不爱钱，武臣不惜死，天下太平矣"作答。明朝末年，吴钟英志士仰慕伟大的英雄岳飞，勒石碑"文官不爱钱，武官不惜死。不患天下不太平！"立于汤阴岳飞庙之中，供世人瞻仰。

下联典出文天祥《正气歌》，原诗为："天地有正气，杂然赋流形。下则为河岳，上则为日星。"意思是，天地之间有正气存在，赋予的形体各种各样。譬如地上的江河与山岳，又如天上的日月和繁星。

岳飞和文天祥，都是精忠报国的英雄人物。"江山代有才人出，各领风骚数百年"，面对数百年来无数仁人志士的崇敬，岳飞和文天祥当之无愧。他们的高尚品德，激励了无数国人屡建奇功，为国家的富强和民族的伟大复兴奏响了悲壮乐章，回响于中华大地！

（明纯）

天下太平文官不愛錢
武官不惜死
民國王萍題杭州西湖
岳王廟集句聯
上則為日星
乾坤正氣下則為河嶽
於南方書畫院
乙未之春許鴻基書

许鸿基 书

联文

政善山河美
天清日月明

出处

佚名撰春联

读联随笔

“政善山河美，天清日月明”这副对联，一眼看去就有神清气爽的感觉，一个政治清明、河山秀美、政通人和、百业俱兴的太平盛世跃然纸上。这副对联，与《尚书·大禹谟》“德惟善政，政在养民”如出一辙，上下联说的其实都是同一个道理。“善政”，与儒家所主张的“德政”“仁政”是同一意思。“善政”就是给人民好处或造福于民的政治，唯有人民好，国家才好，也才可能有“山河美、日月明”这种欣欣向荣的升平景象。清明的政治、良好的政令是国富民强的重要保证，《后汉书·臧宫传》：“今国无善政，灾变不息。”政治腐败，恶政横行，必定令山河失色，民不聊生，如此国富民强何从谈起？纵观中国五千年发展史，因施恶政而给国家和人民带来混乱、动荡和灾难的例子举不胜举。与其说“政善山河美，天清日月明”是民众的期盼，不如说是对当政者的一种鞭策。

以习近平同志为总书记的党中央，提出“四个全面”，正是为了把我国建设成为政治清明、山河秀美的国家，以实现国富民强的宏伟目标。我们完全相信，这个伟大的目标一定要实现，也一定能实现！

（蔡煜东）

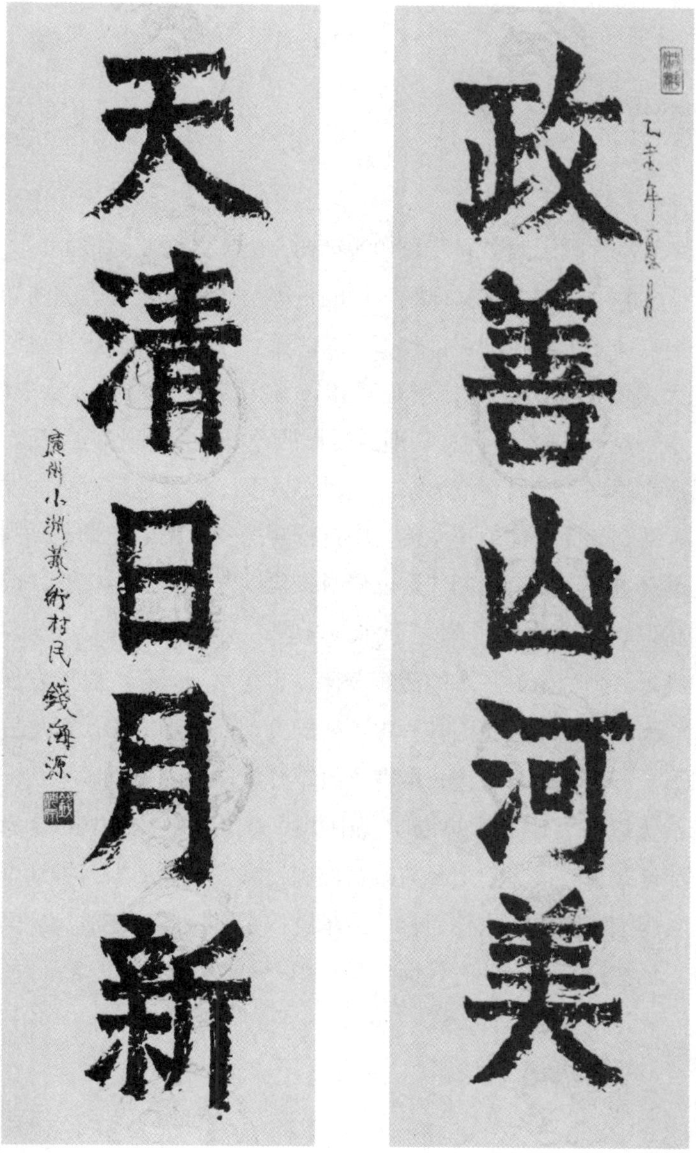

钱海源 书

联文

民靠勤劳富
国因改革兴

出处

当代·韩保国联

读联随笔

“民靠勤劳富，国因改革兴”是1990年初，由《太原北郊报》、《对联》杂志社联合举办的“海内外有奖征联”中的一等奖佳作，作者为国内知名楹联家韩保国先生。1990年是我国实行改革开放的第十二年，国内生产总值从1978年的3645亿元递增至1.8万亿元，增长至5倍，城镇居民人均收入从371元递增到1749元，增长至4.7倍，人们真切地感受到改革开放所带来的巨变。“民靠勤劳富，国因改革兴”，目睹沧海桑田，世事巨变，作者也是有感而发。

中国人素以勤劳而著称，《左传》中这样写道：“民生在勤，勤则不匮，是勤可以免饥寒也。”更有诸如“勤以修身，俭以养德”这类格言，或成为匾额，或成为楹联，悬之于梁，刻之于柱。这些，无不说明国人对勤劳精神的无比崇尚和热爱。勤劳是最基本的传统美德，也是家国兴旺、民族发展的最基本的条件。“天道酬勤”正是因其亘古不变的真理而备受推崇。正是凭借着勤劳，我们创造了一个又一个奇迹，取得了改革开放以来的累累硕果。

党的十八大以来，中共中央以实现中华民族伟大复兴的中国梦为目标，提出了全面深化改革，最大限度释放改革红利，激发社会活力，推动全面建设小康社会，实现国富民强的宏伟目标，中华民族百年夙愿正在成为现实，我们也为自己有幸活在这个伟大的时代而自豪！

（蔡煜东）

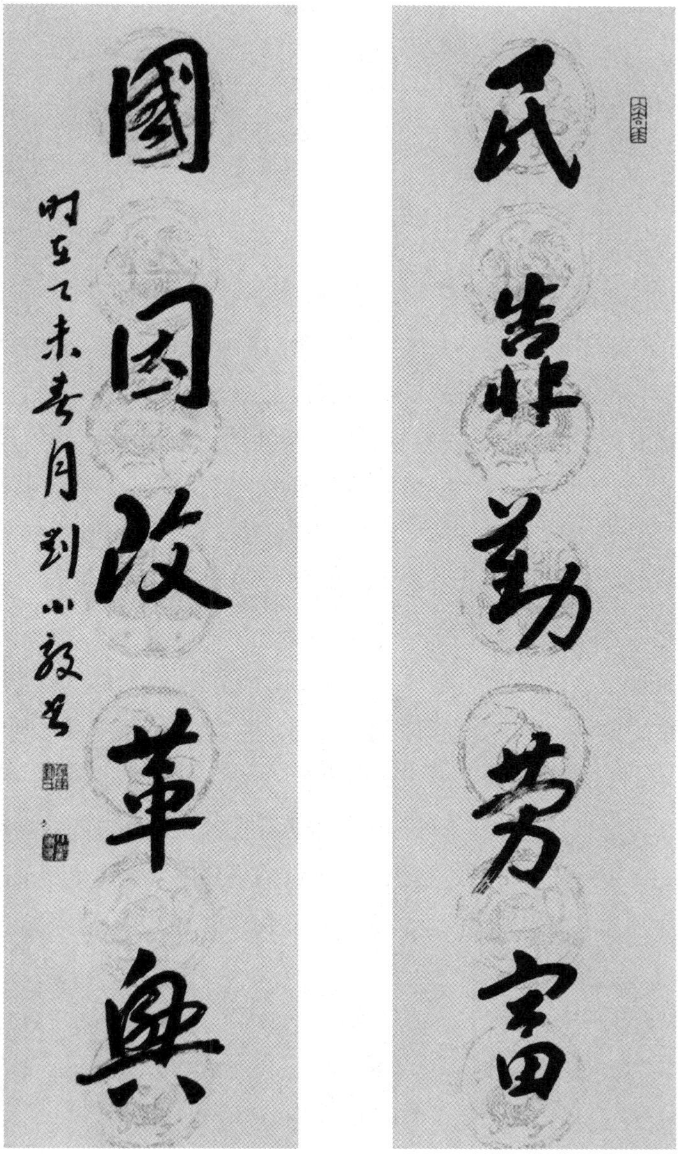

刘小毅 书

联文

太平天下福
和顺一家春

出处

民国·周宗麟撰春联

读联随笔

“太平天下福，和顺一家春”这副对联，很像民间俗语，语言通俗朴素却寓意深刻，读起来朗朗上口。千百年来，国富民强一直就是中华民族梦寐以求的夙愿，也是国家繁荣昌盛、人民幸福安康的物质基础。周宗麟先生生于清末，长于民国，当时正是中华民族积贫积弱、内忧外患的时期。太平盛世、国泰民安对于当时的中国人民来说就是一个奢侈的梦想，人们视太平为天下福。《吕氏春秋·大乐》中写道：“天下太平，万物安宁。”无论哪朝哪代，立朝初年，都会施行休养生息的政策，其目的就是使人民生活安定，万物得以安宁，国力得到恢复和发展。正如老舍先生《龙须沟》中的一幕：“有一天，沟不臭，水又清，国泰民安享太平。”

和顺一家春，“和”与“顺”二字为中国文化所推崇，是中国文化的根。“和”是儒家的根，“顺”是道家的根，儒家讲的是天人合一，天地人和；而道家讲的是人对自然规律的顺应，达到人生的永恒。大道理如此，我们通常所讲的“家和万事兴”也是这个理。历史告诉我们，安定和谐的社会环境是实现国富民强的保证。抚今追昔，我们依稀能够感受到周宗麟先生写下这副对联时内心深处对于太平盛世的渴望之情，也应倍加珍惜对当前国泰民安的大好形势。

（蔡煜东）

黄峨 书

联文

国强家富人寿
花好月圆年丰

出处

当代·邹光忠主编《实用对联大全》

读联随笔

“国强家富人寿，花好月圆年丰”，初读这副对联，仿佛有种春节民间见面互道祝福的意思，套用当今流行的说法就是十分接地气。国人素有家国情怀，这是中华民族的优良传统。邓小平同志有一句名言 “我是中国人民的儿子，我深情地爱着我的祖国和人民”，作家艾青“为什么我的眼里常含泪水?因为我对这土地爱得深沉”，这都是典型的家国情怀。正如歌曲《国家》中所唱：“都说国很大，其实一个家。一心装满国，一手撑起家。家是最小国，国是千万家。……有了强的国，才有富的家……”习近平总书记在畅谈“中国梦”时感言，“国家好，民族好，大家才会好”，朴实的话语道出了深刻的道理，也契合了这副对联的内涵。我们党是马克思主义执政党，肩负着带领全国各族人民实现国家富强、民族复兴，增进人民福祉的历史使命，党的根本宗旨体现了党和人民的血肉关系，因此我们的党深深懂得人民富裕是国家强盛的根基，人民幸福是民族复兴的目标。“人民对美好生活的向往，就是我们的奋斗目标。”

历史赋予了中国共产党神圣的历史使命，党的十八大绘就的蓝图让我们无不为之信服，无不更加希望如期实现全面建成小康社会的宏伟蓝图，祖国更好，家园更好，我们自己才能更好!

（蔡煜东）

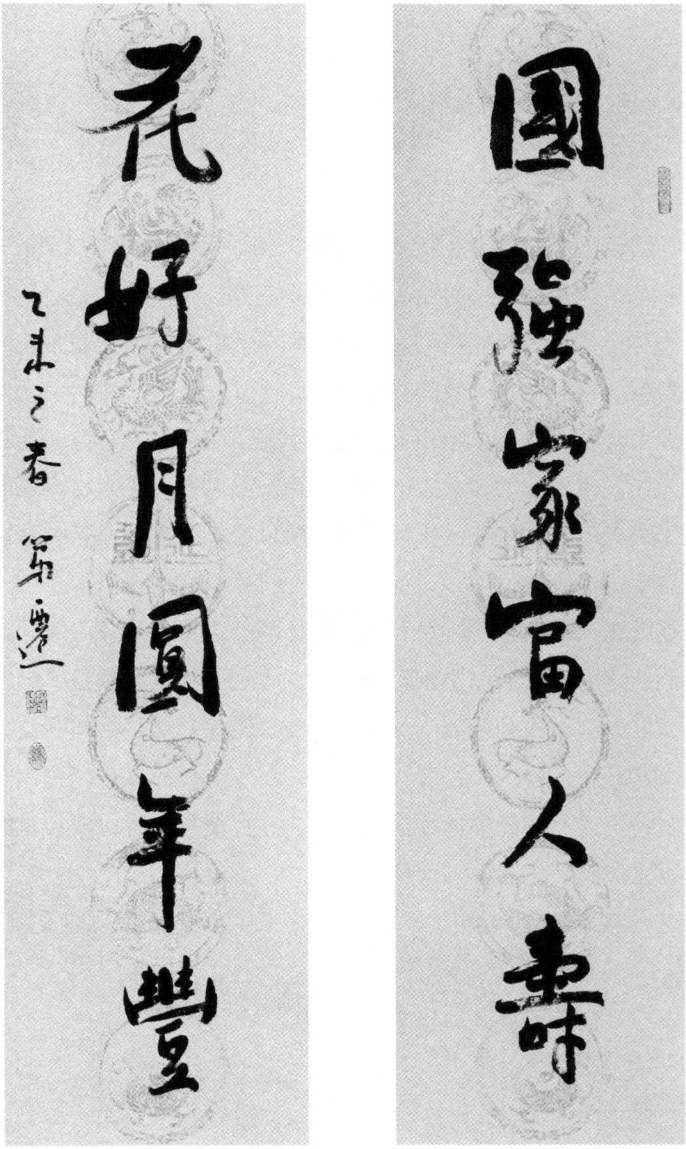

陶第迁 书

联文

国运兴隆如旭日
事业发达胜阳春

出处

当代·邹光忠主编《实用对联大全》

读联随笔

联语中“国运”对“事业”，“兴隆”对“发达”，“旭日”对“阳春”，词性相当，内容相关，对仗工整，构思巧妙。

尤为值得称道的是，此联将国家的命运和个人的事业直接联系起来，表达了对个人利益与国家利益相一致的认识。

国运，是指国家命运。如国运兴隆，就是指国家前途光明，发展顺利壮大。我国是人民民主专政的社会主义国家，人民是国家的主人，国家利益和集体利益代表了公民的整体利益与长远利益，所以公民个人利益与国家利益、集体利益从根本上是一致的。

个人利益既在人民利益、国家利益、集体利益之中，又在人民利益、国家利益、集体利益之外。个人利益相对独立。个人利益与人民利益、国家利益、集体利益紧密联系，个人利益离不开人民利益、国家利益、集体利益，就像个人离不开国家和社会一样。

公民要坚持个人利益和集体利益相结合，在行使权利时，要自觉维护国家利益，在履行义务时，也要以国家利益为重。

所以从这一点来说，“国运兴隆”才能带来“事业发达”，国富民强就是此道理。

（明纯）

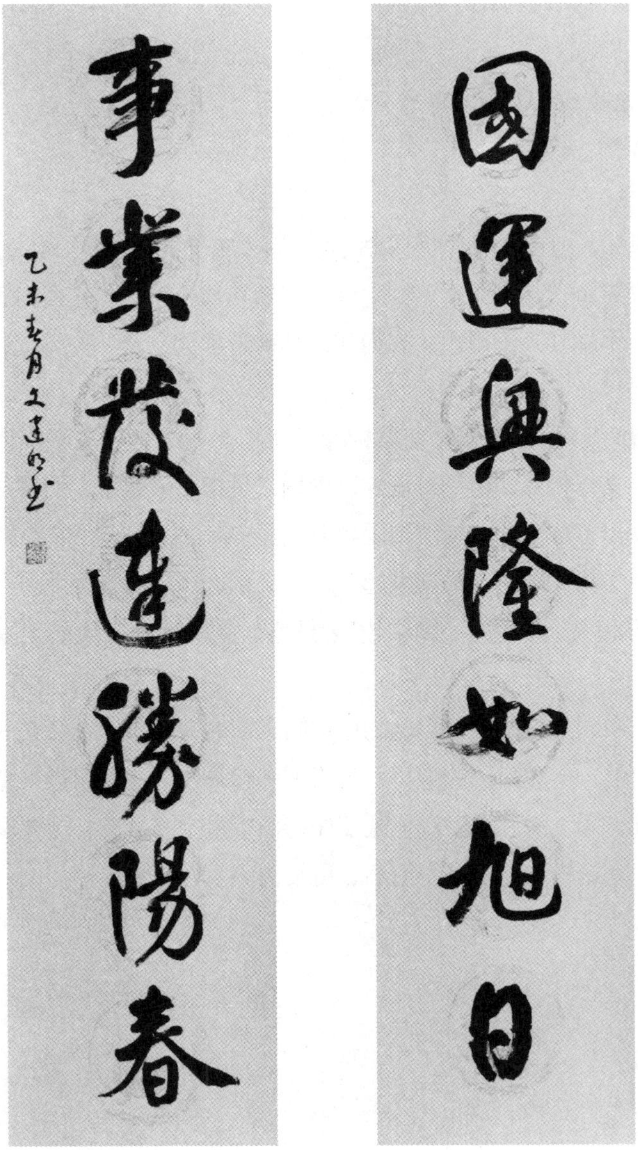

文建明 书

联文

中华腾飞，鹏程万里
民族崛起，彪炳千秋

出处

当代·邹光忠主编《实用对联大全》

读联随笔

“鹏程万里”，出自战国时期道家代表庄周《庄子集释》卷一上《内篇·逍遥游》：“北冥有鱼，其名为鲲。鲲之大，不知其几千里也；化而为鸟，其名为鹏。鹏之背，不知其几千里也；怒而飞，其翼若垂天之云。……”后人以之比喻前程远大。

“彪炳千秋”，出自南朝时期梁钟嵘《诗品》卷中：“晋弘农太守郭璞诗，宪章潘岳，文体相辉，彪炳可玩。”彪炳，是指文采焕发、照耀之意；彪炳千秋，多用以形容伟大的业绩流传千秋万代。

此联以“中华腾飞”对“民族崛起”，词义相近；以“鹏程万里”对“彪炳千秋”，内容相关，表达了对祖国繁荣昌盛、人民幸福安康的无限向往和追求。

我们每一个中国人，都要把自己的命运同国家的命运紧紧结合在一起，努力学习，完善自己，实现自己的抱负，与祖国一起腾飞。正如习近平总书记所说：“空谈误国，实干兴邦。”我们既要保持仰望星空的梦想，更要脚踏实地地辛勤工作。只有这样，才能飞得更高、更长久。

（明纯）

陈春盛 书

联文

河山毓秀，古国春色耀青史

岁月更新，中华雄姿震寰球

出处

当代·邹光忠主编《实用对联大全》

读联随笔

毓，产生，孕育。毓秀，指山川秀美，人才辈出。河山毓秀，意为聚合天地之灵气，蕴育出优秀人才。

更新，指革新，除旧布新。隋朝王通《中说·述史》：“盖伤先王之道尽坠，故君子大其言，极其败，于是乎扫地而求更新也。”清代顾炎武《元日》诗：“岁序一更新，阳风动人寰。”岁月更新，指岁月更替，旧的去了，新的来到。

此联描绘了秉承五千年历史文明的新中国焕发春色，以富强雄姿屹立世界之林的美好蓝图。

“富强”是社会主义核心价值观的首个关键词。富强，即富足而强盛，民富、国强。这是社会主义现代化国家建设的应然状态，是中华民族梦寐以求的美好夙愿，也是国家繁荣昌盛、人民幸福安康的物质基础。一代又一代的中国人一直都有一个实现富强的梦。所以说，“富强”这个核心价值观集中体现了中国特色社会主义现代化的价值目标和价值追求，符合当代中国共产党人和全体中国人民寻求民族复兴的共同愿景，是一个凝聚人心、鼓舞士气、激发活力、振奋精神的价值目标。

（明纯）

乔平 书

民主

民　主

将中国建设成为一个独立、自由、民主、统一和富强的新国家。

——毛泽东《论联合政府》，1945年4月24日

联文

实行民主真行宪
只见公仆不见官

出处

当代·朱德《步董必武同志原韵》诗二首之二

读联随笔

1946年11月，朱德60岁生日，董必武寄给他七律两首，朱德依原韵奉和两首，这是其中第二首。全诗是：“历年征战未离鞍，赢得边区老少安。耕者有田风俗厚， 仁人施政法刑宽。实行民主真行宪，只见公仆不见官。陕北齐声歌解放，丰衣足食万家欢。”

全诗短短八句，描述了老一辈南征北战，赢来陕北人民的丰衣足食、安居乐业，由衷地赞美当时延安的党风、政风和民风。

1934年毛主席发出“为人民服务”的号召，要求革命队伍中每一个人都要当好人民的公仆。当年在革命根据地处处只见全心全意为人民服务的公仆。战争年代，环境艰苦，我们党的干部和群众情深意厚，亲如一家，“只见公仆不见官”。如果我们党没有好的党风，就不可能得到人民的支持拥护，要夺取革命战争胜利，也是不可能的。

如今，中国共产党已经成为执政党。各级领导干部要牢记，手中的权力是人民给予的，是用来为人民服务的。真正的共产党人要以“只当公仆不做官”为荣，从自己做起，从点滴做起，时时不忘“权为民所用，情为民所系，利为民所谋”。

（林琳）

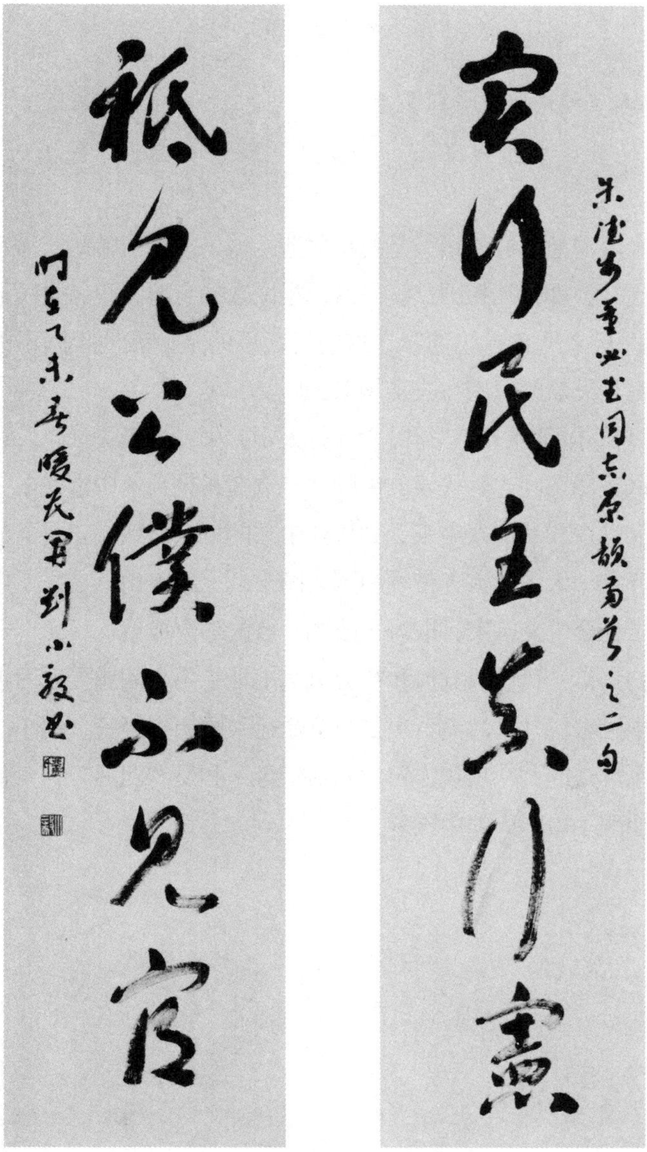

刘小毅 书

联文

岂有金汤全社稷
从来民意定乾坤

出处

当代·陈玉麟《游南京中华门》诗

读联随笔

金汤，“金城汤池”的略语，是指金属造的城，沸水流淌的护城河，形容城池险固。社稷、乾坤，均指国家。民意，指民众的意愿，也就是民心。“岂有金汤全社稷，从来民意定乾坤”，这副对联说的是，城池险固不能保全国家，自古以来都是民众的意愿在决定国家去向。

“水可载舟，亦可覆舟”“得民心者得天下，失民心者失天下”，说的也是这个道理。以毛泽东同志为代表的中国共产党在长期斗争中形成了一切为了群众、一切依靠群众和从群众中来、到群众中去的群众路线。正是党的群众路线，使中国共产党一天天壮大，带领中国人民推翻三座大山，建立了中华人民共和国，建设了社会主义国家，取得了改革开放的伟大成就。

21世纪最初10年，我们的党风和社会风气出现了不少问题。以习近平同志为总书记的党中央牢记“民心向背决定政党命运”的历史经验，提出改进工作作风、密切联系群众的“八项规定”“六项禁令”和反“四风”，身体力行实践群众路线，唤醒了中国人的中国梦。

（林琳）

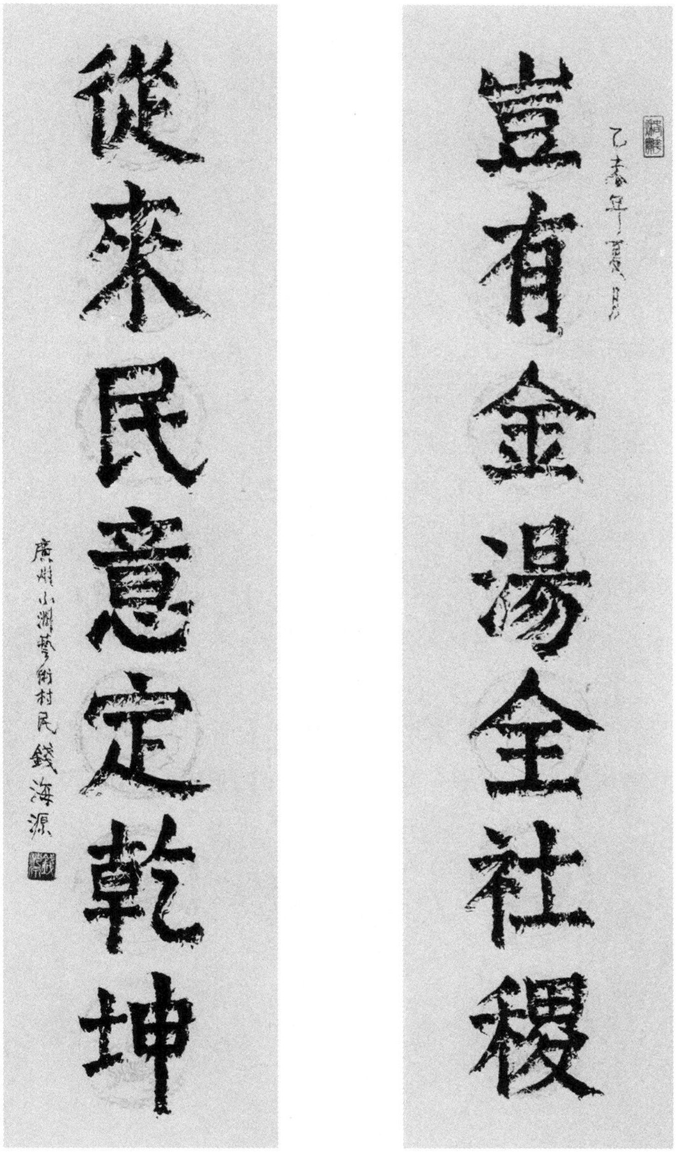

钱海源 书

联文

民心似秤
历史如筛

出处

当代·王新华撰联

读联随笔

秤，衡量轻重的器具。筛，用竹子或金属等做成的一种有孔的器具，可以把细东西漏下去，粗的留下。“民心似秤，历史如筛”，即百姓心里都有杆秤，都会对事物做出衡量；历史就像一个筛漏，淘出黄金，漏除沙粒、尘土。也就是说，每个人的行为，别人都会做出评判，历史也会给出公正的评价。

电视剧《宰相刘罗锅》的主题歌《清官谣》唱得好：“天地之间有杆秤，那秤砣是老百姓……”这首歌曾风靡全国，它也在传递着一个信息，那就是“百姓心中有杆秤”。是的，只有民心这杆秤，才能公平地称量为官者的是非功过，公平地称量历史的厚重与真实。

我们常说“金杯银杯，不如老百姓的口碑”。只要我们真心实意为群众办实事、做好事，群众一定会信赖、支持我们，从心底里感谢党、拥护党。正是因为老百姓是秤砣，能公正公平地称出干部的是非功过，我们的优秀干部才得以永远活在人民心中，而那些经不起人民和历史检验的人却被人们永远地遗忘。

（林琳）

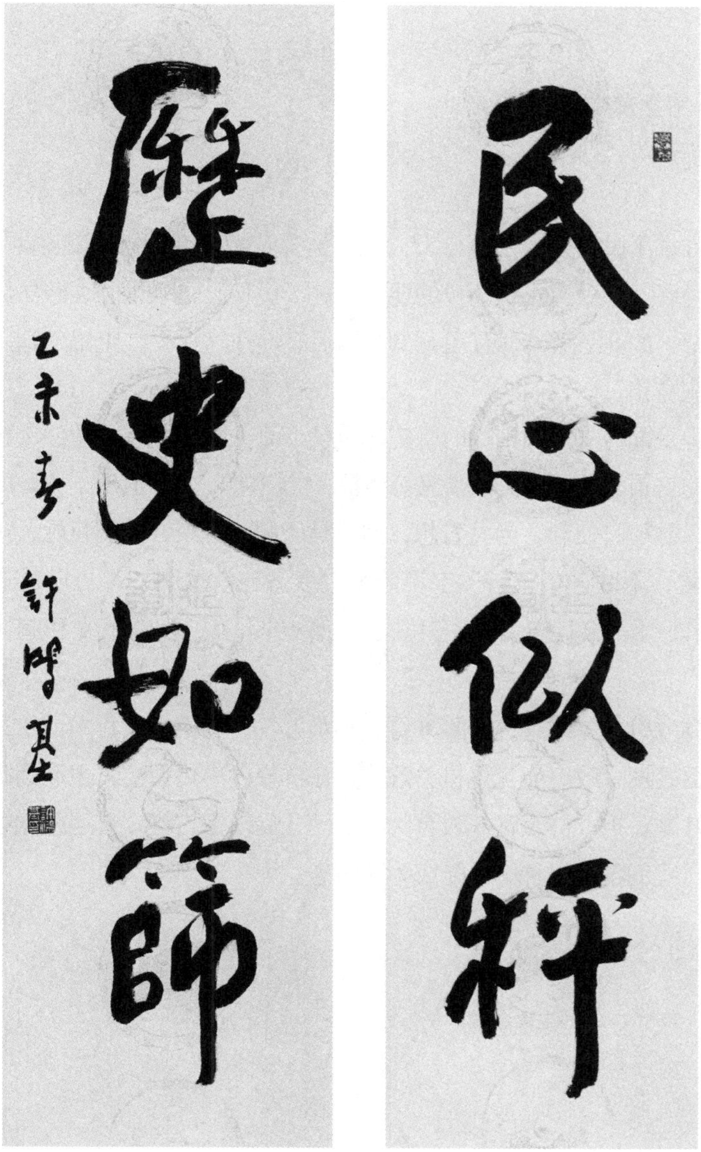

许鸿基　书

联文

政唯求于民便
事皆可与人言

出处

清·梁章钜题厅事联

读联随笔

“政唯求于民便，事皆可与人言”，是清代梁章钜在湖北江陵官署门上自题的一副楹联。上联道出了为政的要谛——于民便，下联则强调政务应公开、透明。梁章钜的儿子梁恭辰任温州知府以后，在东客厅楹柱上书写这两句话，并以此为座右铭。

梁章钜是鼎力支持林则徐的坚定抗英禁烟派人物，是一位政绩突出、深受百姓拥戴的官员。他深懂为政要义。上联一个“唯”字，道出了为政的唯一目的和使命，是与民便利，为民着想，而不是压制、管束、盘剥百姓，更不是个人中饱私囊；下联一个“皆”字说的是，政务应该透明，都可以对人讲，不是暗箱操作。作为封建时代的一位文人、官员，有这样的眼光和胸怀，实在难得。

一些党政机关“门难进、脸难看、事难办”，官僚主义作风严重，老百姓最反感。百姓期盼政府能优化机关效能，让群众办事更便捷，主动简政放权，真正为百姓减负担。群众路线教育实践活动开展以来，群众普遍感觉办事比过去方便了。我们希望这种感受能成为新常态。

（林琳）

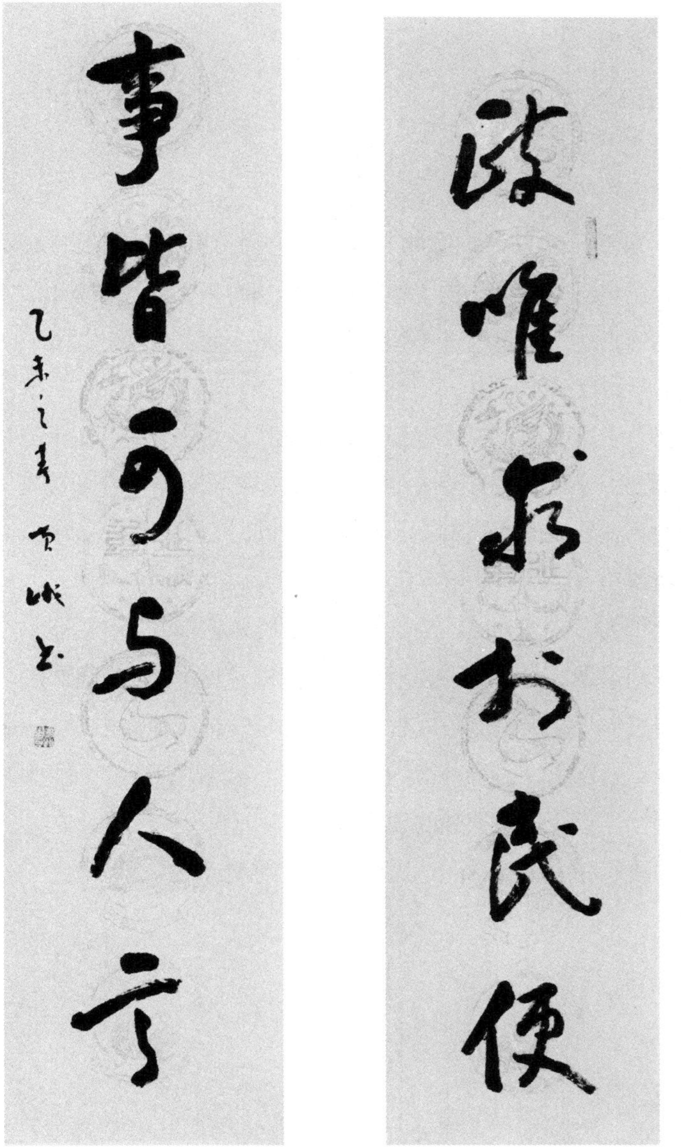

黄峨　书

联文

安得民情常达
惟恐己过不闻

出处

清·魏源自题联

读联随笔

魏源受其祖辈乐施好善的影响，十分关心民众疾苦，每到一处为官，都要贴些对联表达自己的态度。据说他在江苏扬州府兴化县当知县时，其正堂联云：“安得民情常达，惟恐己过不闻”，意思是，怎么能够让民情经常上达，只担心不能了解到自己的过错。

明代著名哲学家、教育家王守仁为官清正，体恤民情，每赴新任，均让衙役扛两块高脚牌作为引队的先导，木牌上书箴联一副：“求通民情，愿闻己过”。两副为官箴联说的都是要在了解民情的同时，听取众人意见，虚心地接受批评，以便改正自己的过失。

对联揭示了为官必须为民，为民必须了解民情，修身必须克己，克己必须闻过而改的深刻道理，是孟子“恩泽于民”“修身见于世”思想的体现。

它既是安民告示，又是施政宣言。可以说是一种高深的境界，一种良好的夙愿，一种崇高的职责，一种难得的匡世箴言。虽时过境迁，而此联所昭示的修身居官之要旨，至今仍有很强的现实警示作用。

愿当今的政府和各级官员通达民情，闻过则改。

（林琳）

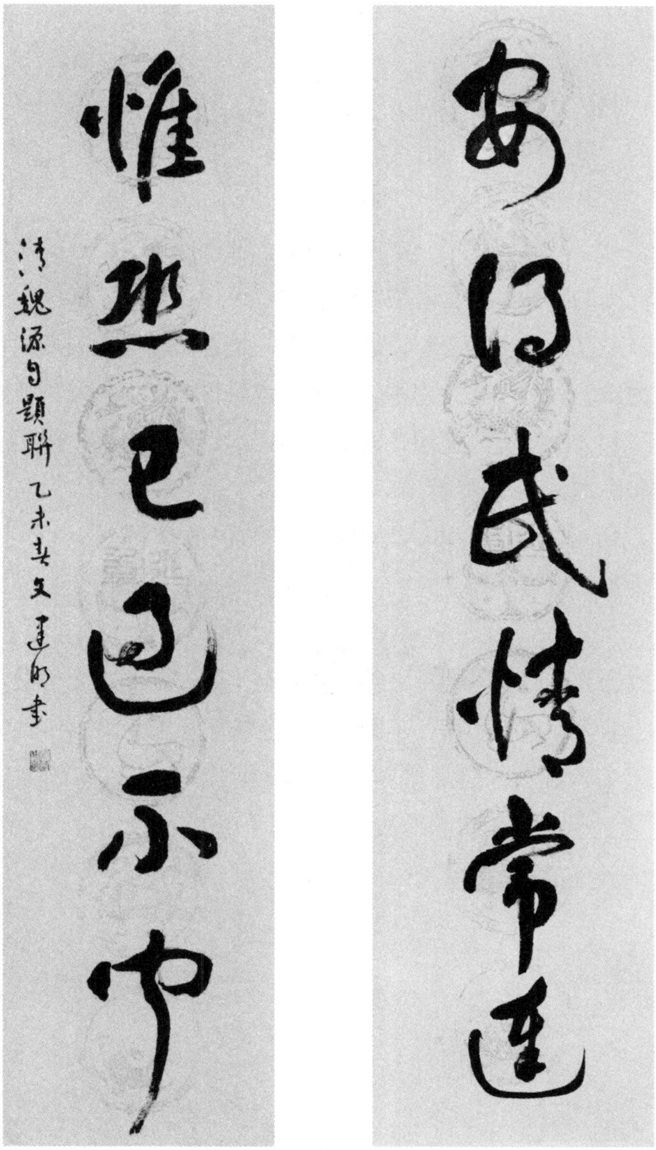

文建明 书

联文

以人为本
唯德是基

出处

当代·许仲明联

读联随笔

本，根本。基，基本，根本。“以人为本，唯德是基”，说的是治理国家要以人为本，高尚的品德是为官最根本的要求。

我国古代就有以人为本的思想，最早提出的是春秋时期齐国名相管仲。管仲所说的以人为本，就是以人民为本。人民在古汉语中意为平民百姓。在中国历史上，“人”和“民”有时通用，人本也即民本。但在当代，作为一种哲学价值观，人本和民本又是不同的。

当前，我们所讲的以人为本，是以广大的人民群众为本。对于我们党来说，坚持以人为本，就是坚持立党为公、执政为民，就是坚持全心全意为人民服务。

道德历来成为人们修身养性、完善自我乃至治国安邦的重要工具。道德兴则国兴、家兴、业兴；道德不振，于国于家、于人于己都意味着一种灾难。孔子曾以“修己以安百姓”为最高境界。对承担着治理国家任务的各级领导干部来说，只有达到了相当的思想境界，具备了相当的道德水准，才能担当领导职务，也才能胜任领导工作。

（林琳）

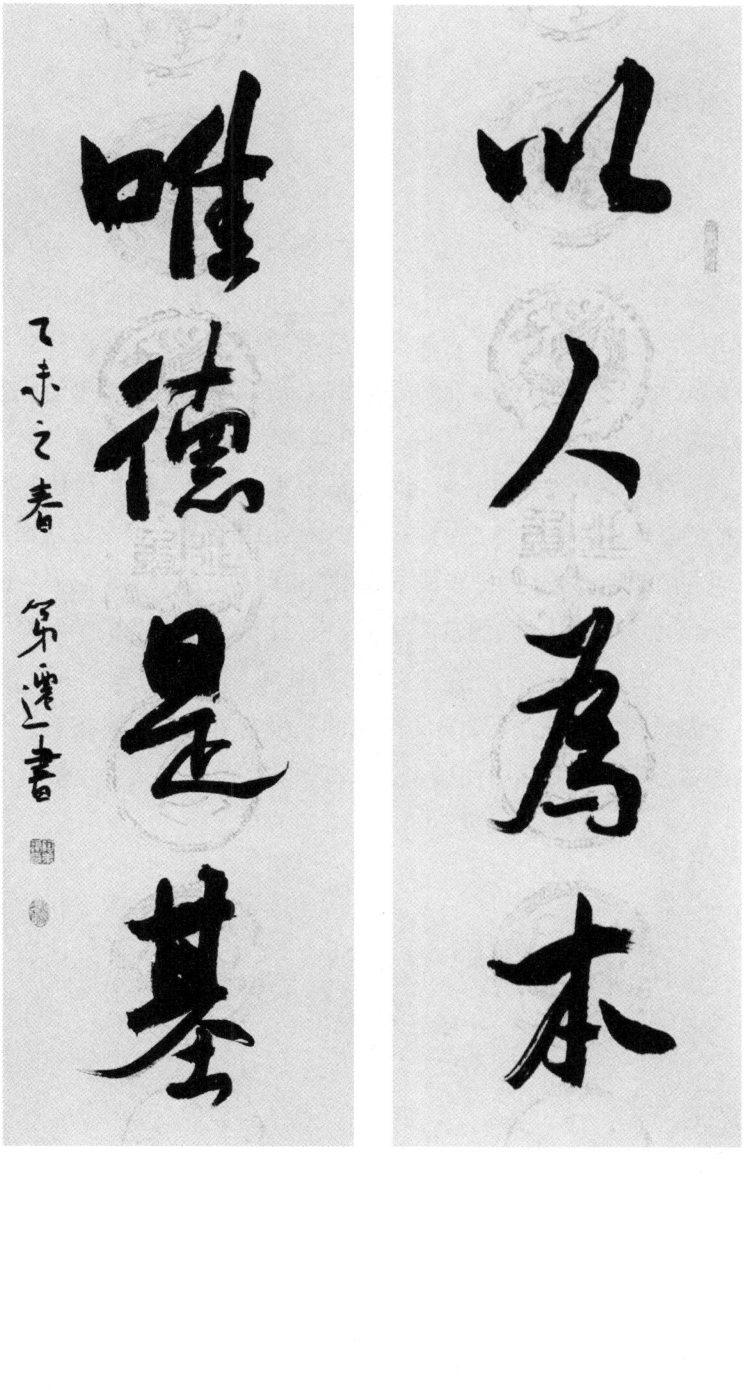

陶第迁 书

联文

民主自由新世界
读书劳动好人家

出处

当代·刘炳森题住宅联

读联随笔

民主是人类政治文明进步的结晶。民主保证人们的基本人权，给人们提供平等的机会，更是人类发展的目标。自由，指自己做主，不受别人支配。民主、自由是近现代以来历史发展的潮流，是人们的普遍追求。参与社会劳动是人们实现自我价值、承担社会责任的必要条件。劳动创造人，读书塑造人。作为信息时代的现代人，读书是生存的需要，读书是生活的第一需要。

民主、自由、读书、劳动，是当代人的追求，也是人们生存和发展的需要，更是社会发展和进步的促进力量。“民主自由新世界，读书劳动好人家”这副对联语言简单、朴实，看似平淡，蕴含的道理却是深刻的，它倡导读书劳动的良好社会风尚，写出了人们追求民主、自由，建设新世界的美好愿望，反映了时代精神，很好地践行了社会主义核心价值观。

健康社会风尚的形成，需要每位公民的积极参与。愿大家都来争当良好社会风尚的践行者、维护者、引领者，这样，我们将迎来一个生机盎然的新世界。

（林琳）

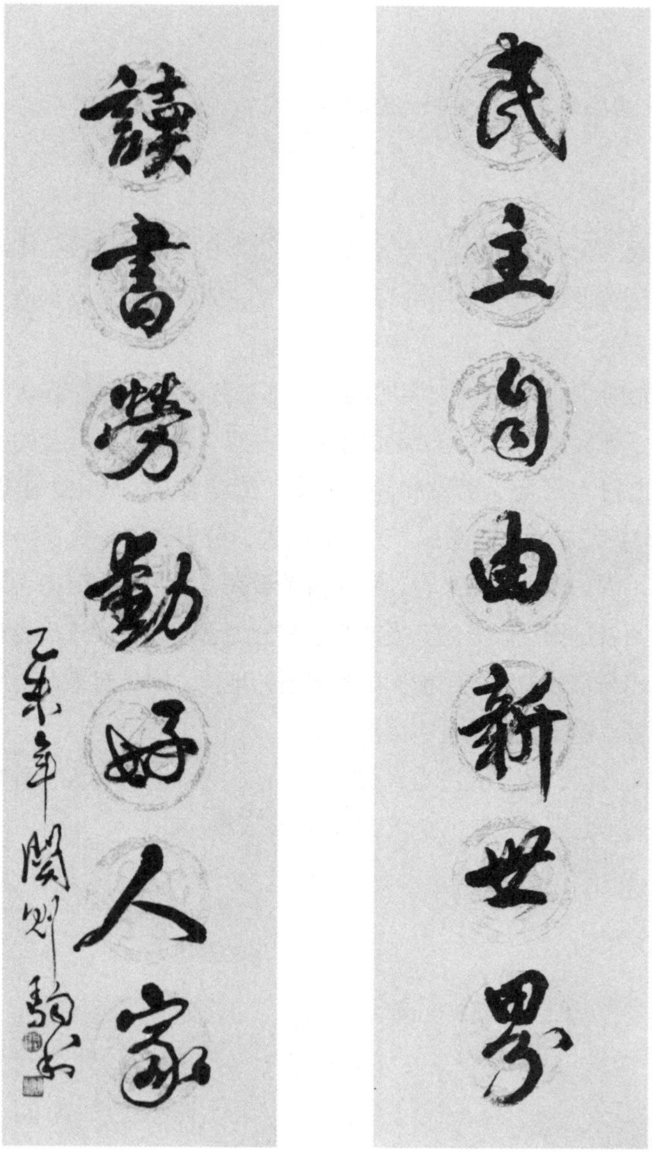

关则驹 书

联文

劳动创造世界
人民主宰沉浮

出处

当代·邹光忠主编《实用对联大全》

读联随笔

主宰，指起支配、控制作用的力量。沉浮，指在水面上出没，比喻盛衰、消长。“劳动创造世界，人民主宰沉浮”说的是，人类通过劳动创造了世界，所以，创造世界的人民决定了世界的盛衰和去向。

人类社会物质文明和精神文明的成果，都是劳动创造的。劳动创造了世界，劳动推动了社会进步。作为劳动的主体——劳动者应该是社会的主人。由于社会的分工，出现了复杂劳动和简单劳动，劳动者发生分化，出现了“劳心者”和“劳力者”。孟子说：“劳心者治人，劳力者治于人；治于人者食人，治人者食于人。天下之通义也。”在孟子看来，劳心者和劳力者其实是一种社会分工，两者是相互服务的。当劳心者和劳力者逐渐变成统治者和被统治者，两者对立起来，劳力者处于被剥削被压迫的地位，团结起来奋力反抗，最终推翻了统治者。这就是人民主宰沉浮。

在社会主义社会，劳动人民当家做主，真正成为社会的主人，所有的劳动者在平等的基础上共同劳动，共创美好的世界。

（林琳）

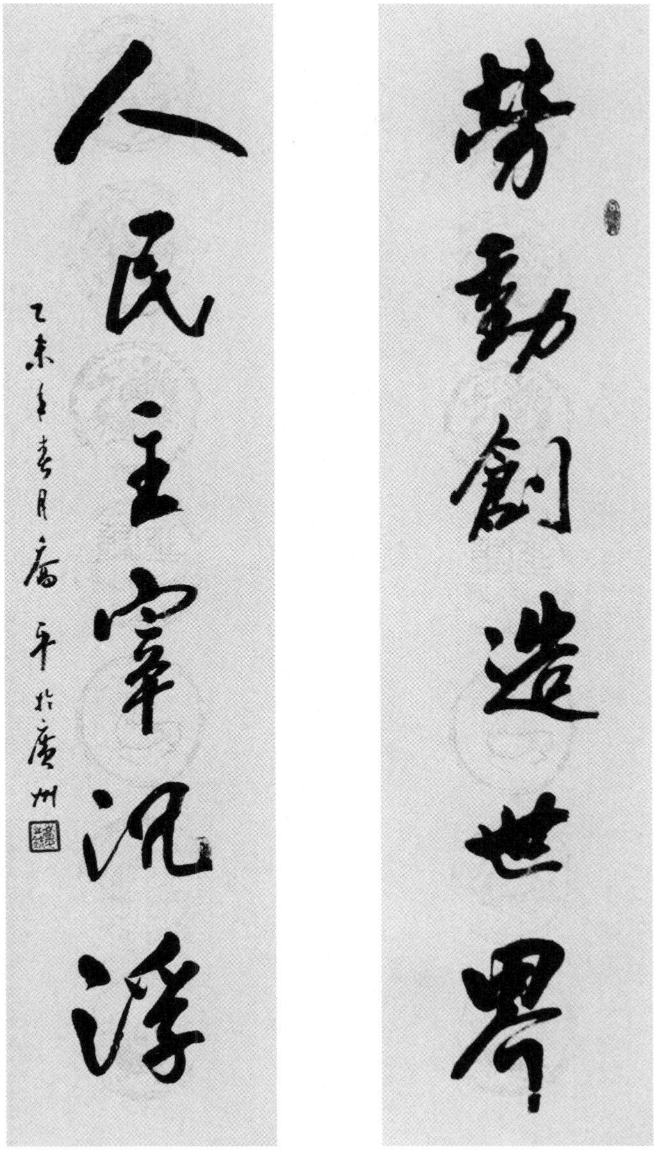

乔平 书

文明

文　明

中华文明源远流长，蕴育了中华民族的宝贵精神品格，培育了中国人民的崇高价值追求。自强不息、厚德载物的思想，支撑着中华民族生生不息、薪火相传，今天依然是我们推进改革开放和社会主义现代化建设的强大精神力量。

——习近平2013年9月26日在会见第四届全国道德模范及提名奖获得者时的讲话

联文

劳逸妥安排，健康多福
油盐休浪费，勤俭持家

出处

老舍赠女儿联

读联随笔

著名作家老舍先生在女儿出嫁后，仍十分关心女儿的生活，特别为她写了一副对联“劳逸妥安排，健康多福；油盐休浪费，勤俭持家”，希望她治家有道，健身有方。言简意赅，道尽其治家方略；寥寥数语，凝聚着多少生活智慧和人生经验。一位父亲对儿女的关爱和期望尽在联中，令人感动。

勤俭节约是中华民族的传统美德，一个家庭要兴旺，就必须学会养成并保持节俭的习惯；同样，民族昌盛、国家繁荣，也需要弘扬勤俭节约的精神。在物质文明发达的今天，我们更应该多感念幸福生活的来之不易，懂得感恩。另一方面，“身体是革命的本钱”，唯有身体健康，才有实现理想的可能。正如老舍先生后来所说的，“我愿看见他们干劲冲天，可也希望他们会劳逸结合，注意康健”。

家庭是社会的细胞，家风则是社会风气的重要组成部分，良好的家风是社会主义核心价值观的生动写照。习近平总书记强调，“不论时代发生多大变化，不论生活格局发生多大变化，我们都要重视家庭建设”。而中华优秀传统文化，正是涵养社会主义核心价值观的重要源泉。勤劳守信、俭朴持家、睦邻友善……这些优秀的品质，一直都是家风传承的核心。良好家风的形成，为社会风气向好向善打下坚实基础，有利于弘扬正气，更好地传承民族文化。

（小卷）

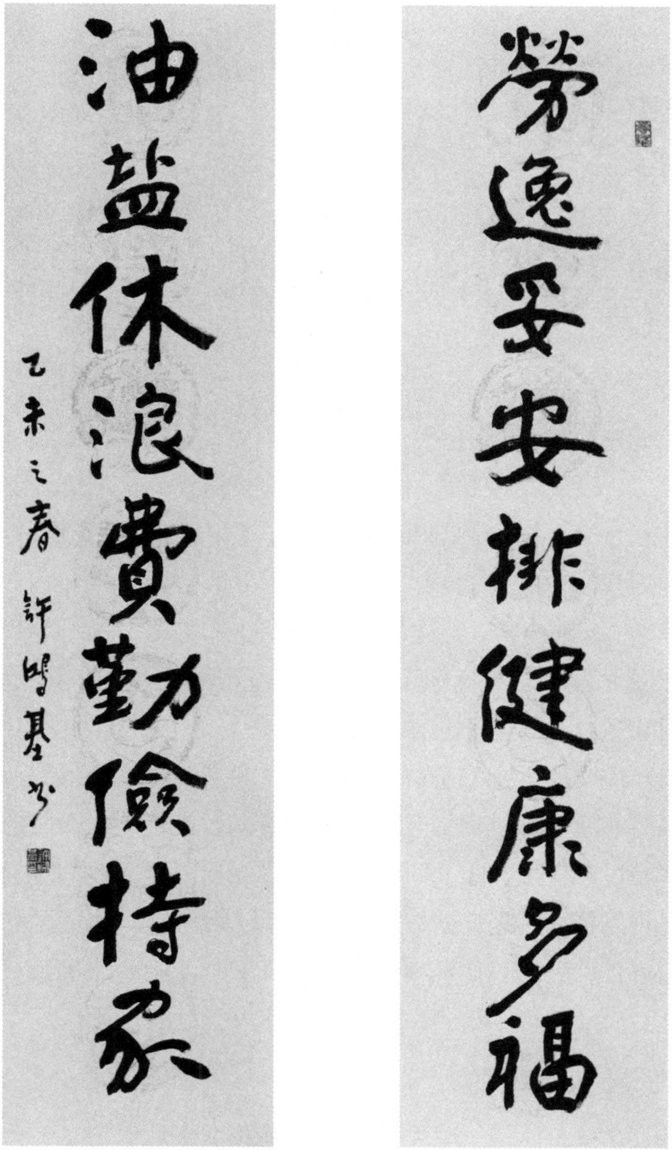

许鸿基 书

联文

慎言语，节饮食
蓄道德，能文章

出处

清·章鋆赠人集句联

读联随笔

本联上联出自《易经·颐》：“君子以慎言语，节饮食。”意思是说话谨慎，饮食有节，这是养德养生的两条重要原则。“慎言语”不仅能养德养气，还能减少过失；“节饮食”则有益于身体健康。下联“蓄道德”，即积蓄培养道德；“能文章”，能写出锦绣文章。

“良言一句三冬暖，恶语伤人六月寒。”所以，说话要谨慎，不能图一时之快而出口伤人，以免口出狂言，造成难以挽回的后果。有人说，人生几十年的成就，都是由每一天的言行累积而成，所以，要注意每一天的言行。“慎言语”也是一种自我修养的外在体现。

“饮食有节，起居有常。”这是《黄帝内经》中的话，讲的是养生之道，对于现代人来说尤为重要。生活规律，合理饮食，适量运动，戒烟戒酒，不过度劳累……凡事适中，恰到好处，才能保持健康。

“蓄道德，能文章”可以说是社会主义核心价值观的一种价值标准。中华文化源远流长，积淀着中华民族最深层的精神追求，代表着中华民族独特的精神标识，为中华民族生生不息、发展壮大提供了丰厚滋养……我们要努力用中华民族创造的一切精神财富来以文化人、以文育人。所以，多读圣贤书，多听圣贤训，修心养性，积蓄正能量，传播正能量，我们才能走得更远。

（小卷）

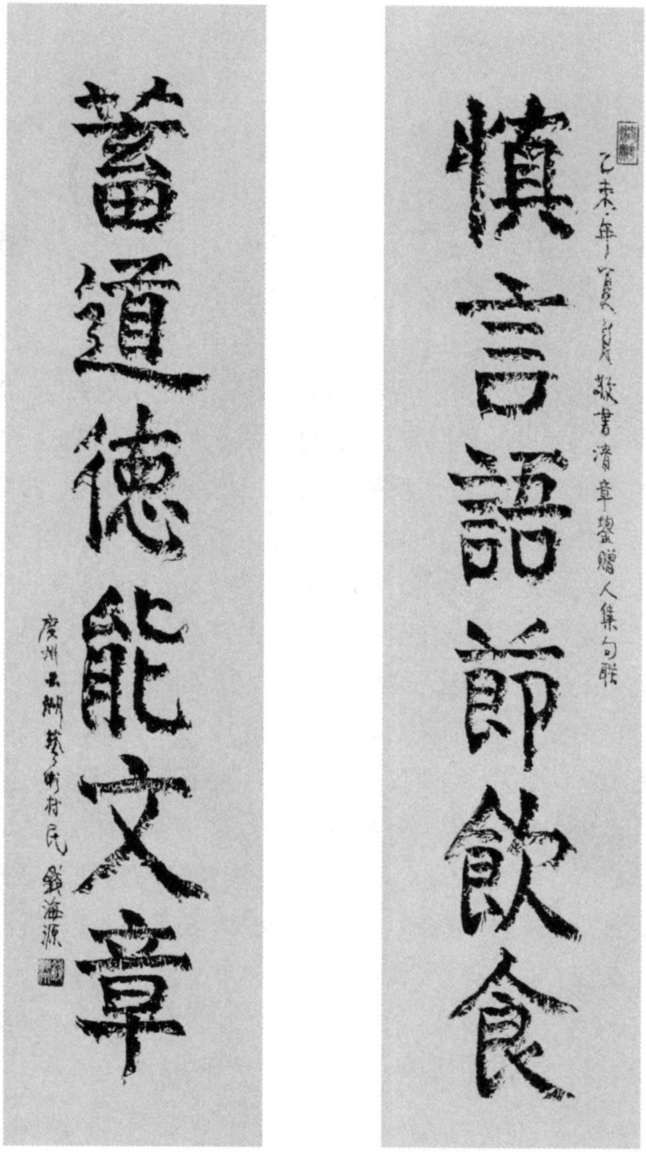

钱海源 书

联文

事以利人皆德业
言能益世即文章

出处

清·魏源题书斋联

读联随笔

魏源的这副对联，是劝世喻理、修身立命的励志篇，贯穿着传统儒家的理念，又倡导务实精神。它穿透百年风尘，依然闪耀着理性的光芒。

魏源所在的时代正值清帝国走向闭关锁国、衰弱没落的穷途。作为乡试举人第二名的他，不是那种坐而论道或在书斋里吟诗作对的文弱书生，而是胸怀大志和充满忧患意识的民间知识分子。他助江苏巡抚陶澍办漕运、兴水利，并留下这方面的著述。他参与浙东抗英战役，后因清廷战和不定，投降派昏庸误国，愤而辞归，潜心著述。他在《海国图志》中提出“以夷攻夷”“以夷款夷”和“师夷长技以制夷”等论点，提倡创办民办工业，允许私人设立厂局，自行创造与销售轮船、器械等，使国家富强；主张革新，要求“去伪、去饰、去畏难、去养痈、去营窟”。这无疑是对昏昧的清王朝的一声棒喝。

正是这样一位正直、磊落而又不得志的民间知识分子，他的书斋联“事以利人皆德业，言能益世即文章”令我们至今读来仍感怀不已，躬身自省。联语平白如话，言辞恳切。上联“事以利人皆德业”，意谓凡是有利于人的事情，都是功德，都不应该“善小而不为”；下联“言能益世即文章”，话锋一转，提倡文以载道，言论要有益于社会。这里的“文章”与上联“德业”相呼应。全联气魄宏广，蕴含丰富，表达了魏源的济世之心。

（陈继平）

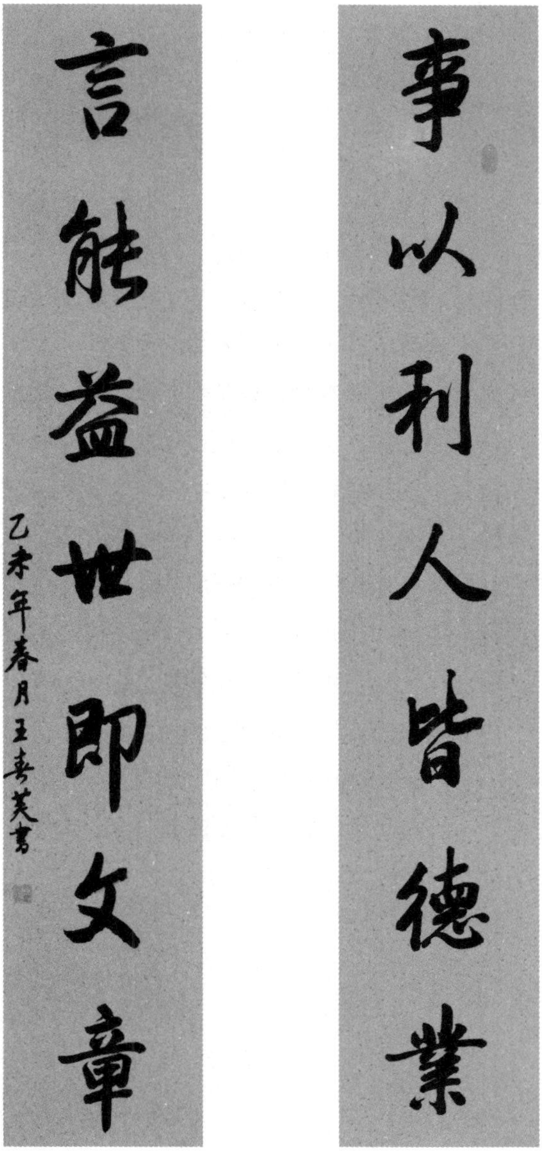

王春芙 书

联文

自古书林勤是路
从来教育德为先

出处

当代·蔡起贤题学校诗联

读联随笔

此联浅显易懂，表达了“勤为径、德为先”的教育理念。具体来说，社会主义核心价值观，应该以一种怎样恰切的方式立足于我们脚下的大地，扎根于孩子们的心中？这是广大教育工作者首先要考虑的问题。

我想，第一，还是要回归生活本身，只有回归到我们的生活世界，孩子们才能乐在其中。不只是心态上的其乐融融，还得是一种精神境界上的融合。而这两者都有一个基本前提，就是回到我们的生活本身。丧失了生活本身，文化也好教育也好，就丧失了源头活水。因此，核心价值观尽管是以理论或者术语的方式呈现，但是它的根基是在我们当下的鲜活的生活当中。

第二，是要坚持育人为本，让儿童学会做人。因为文化的功能正是使人成为一个人，也就是“以文化人”，所以，当我们以文化来影响、感染、放飞孩子的生命时，一个最重要的方面就是要使孩子们学会做人。

从来教育德为先。我们要积极引导孩子们增强民族文化自信和价值观自信，引导他们自觉将个人理想与祖国发展紧密联系起来，为个人幸福、社会进步、国家富强而不断成长。

（明纯）

黄峨 书

联文

百载树人真善美
千秋立业德功言

出处

佚名题高等院校联

读联随笔

此联把“百载树人”与“千秋立业”并立，强调了教书育人的重要作用和社会价值。

上联的“真善美”是一个哲学命题。自古希腊雅典苏格拉底、柏拉图、亚里士多德等人的倡导开始，人类对“真善美”的向往持续了两千多年。然而，到底什么是真、善、美，这也是一个长期争论不休的问题，许多学者分别从不同角度和不同层次深度，对真、善、美进行了概括。“知识欲的目的是真，道德欲的目的是善，美欲的目的是美。真善美，即人间理想。”或许，黑田鹏信的这段名言，可以在一定程度上为“真善美”注脚。

下联典出“三不朽”。春秋时鲁国大夫叔孙豹称“立德”“立功”“立言”为“三不朽”。这是我国伦理思想史上的一个命题。“立德”，即树立高尚的道德；“立功”，即为国为民建立功绩；“立言”，即提出具有真知灼见的言论。此三者是虽久不废、流芳百世的。一般认为我国历史上能够做到“三不朽”的只有两个半人，分别是孔子、王守仁和曾国藩（半个）。学界通常把“三不朽”作为三个境界来理解：假如不能立德，那就争取立功；不能成其功名，那就退而立言。笔者倒认为，德、功、言应是一个不朽人格的整体，德为灵魂，如果德稍亏，功总有手段的高低，言总是瑕瑜互见，终不能全美。

（明纯）

陶第迁　书

联文

铁肩担道义
妙手著文章

出处

民国·李大钊改联

读联随笔

此联由明代杨继盛五言律诗中的“铁肩担道义，辣手著文章”改动而成，李大钊只是把杨联中的“辣”字改为“妙”字。

杨继盛，明嘉靖进士，历任吏部主事、兵部侍郎。他上奏书《请诛贼臣疏》，列举奸佞严嵩十大罪状，质问皇帝：“陛下何不忍割爱一贼臣，顾百万苍生之涂炭哉？”可惜弹劾无效，反被下狱处死。他在狱中自书“铁肩担道义，辣手著文章”的对子，表达其肩负正义、不畏强暴、宁死不屈的高尚品格。

中国共产主义运动先驱、中国共产党主要创始人之一、北京大学教授李大钊改此联为“铁肩担道义，妙手著文章”，置于座右，以激励自己：用钢铁般的肩膀承担正义事业，以高妙的技巧写载道的文章。

文章讲究技巧，要求文（形式）与道（内容）的统一，不是一“辣”就好。孔子说：“质胜文则野，文胜质则史，文质彬彬，然后君子。”只重内容、缺乏文采是粗野，只重文采、缺乏内容是虚假，要内容与文采相结合，才是君子为文之道。把“辣”改为“妙”，对文章来说是更确切的，因为严厉无畏的“辣”毕竟只有“质”的一面。

杨继盛为正义被斩头，李大钊也为正义事业被绞死，两人都坚持正义，也都是取义成仁之志士。

（黄铿）

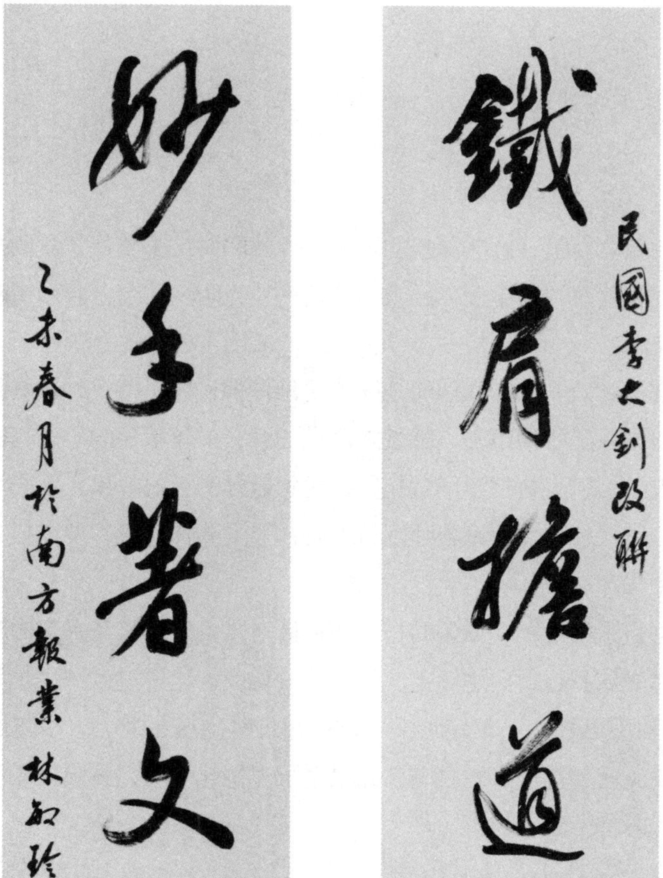

林敏玲 书

联文

学问常从微处积
光阴每自紧中偷

出处

当代·李求真警策联

读联随笔

这是一副蕴含警策、意味深长的励志联。此联对仗工整，“学问”对“光阴”，“微处积”对“紧中偷”，表达的是一寸光阴一寸金，要珍惜时间、勤奋学习的道理。

“学问常从微处积”，强调的是以缜密见精神，要坚持一种认真细致、钻研到底的学习作风。所谓缜密，就是以严谨细致、一丝不苟的心态，以务实、负责的作风去学习，就是把学问做扎实，达到最好的学习效果，不心浮气躁，不好高骛远。唐代杜牧《留诲曹师等诗》有：“学非探其花，要自拔其根。”也有相同的意思。

“光阴每自紧中偷”，强调的是应该珍惜自己美好的年华，努力学习，切莫让可贵的时光从身边白白地溜走。朱熹诗《偶成》也说过：“少年易老学难成， 一寸光阴不可轻。”年轻时学习效果好，时光容易逝去，少年的时光如果不珍惜，一晃就要慢慢走向衰老，如果老了才想起学习，就困难多了，哪怕是一点点的光阴都不要轻视。

（明纯）

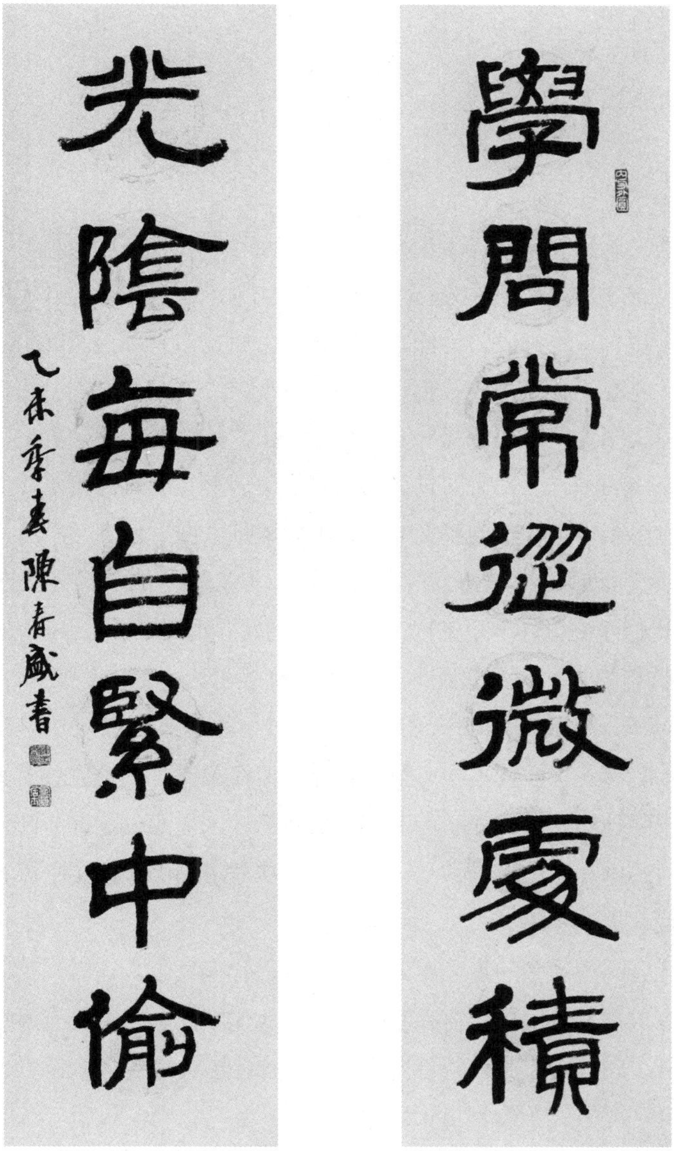

陈春盛 书

联文

当仁不让
见义勇为

出处

佚名集成语联

读联随笔

上联“当仁不让”，出自《论语·卫灵公》：“当仁不让于师。”当，面对。仁，正义之事。朱熹集注为：“当仁，以仁为己任也；虽师亦无所逊。言当勇往而必为也。”原指以仁为任，无所谦让。后指遇到应该做的事就积极主动去做，绝不推诿。

下联“见义勇为”，典出《论语·为政》：“见义不为，无勇也。”明代冯梦龙的《东周列国志》则有“见义勇为真汉子，莫将成败论英雄”的说法。见义勇为的意思引申为“看到正义的事，就勇敢地去做”。

作为承袭千年的传统美德，对当仁不让、见义勇为的倡导在我国古已有之。然而，我们也必须承认，在当今这个社会转型时期，利己与利他、功利与道义、物质与精神……几乎无时无刻不在挑战着人们的道德良知。但正所谓“礼失求诸野”，仅仅回溯这几年评选的“××最美的人”“感动××的人”，尽管年龄参差、职业不同、身份各异，但在关键时刻、危急关头，却无一例外表现出强烈的社会责任心和道德正义感：冲入火海，跳进河塘，与死神交锋，与危险赛跑……他们的举动让人坚信，扶危济困仍是社会主流，善念与真情普遍蕴藏在人们心中。

我们的社会需要更多的见义勇为者。同时，我们每个人在看到英雄们的义举后，也不应只是感慨，更该自我叩问，捕捉我们本性里的善良与温暖。在生活中不拒小善，向好人看齐，与善良同行，这样才能让道德之树常青，让文明之花绽放。

（明纯）

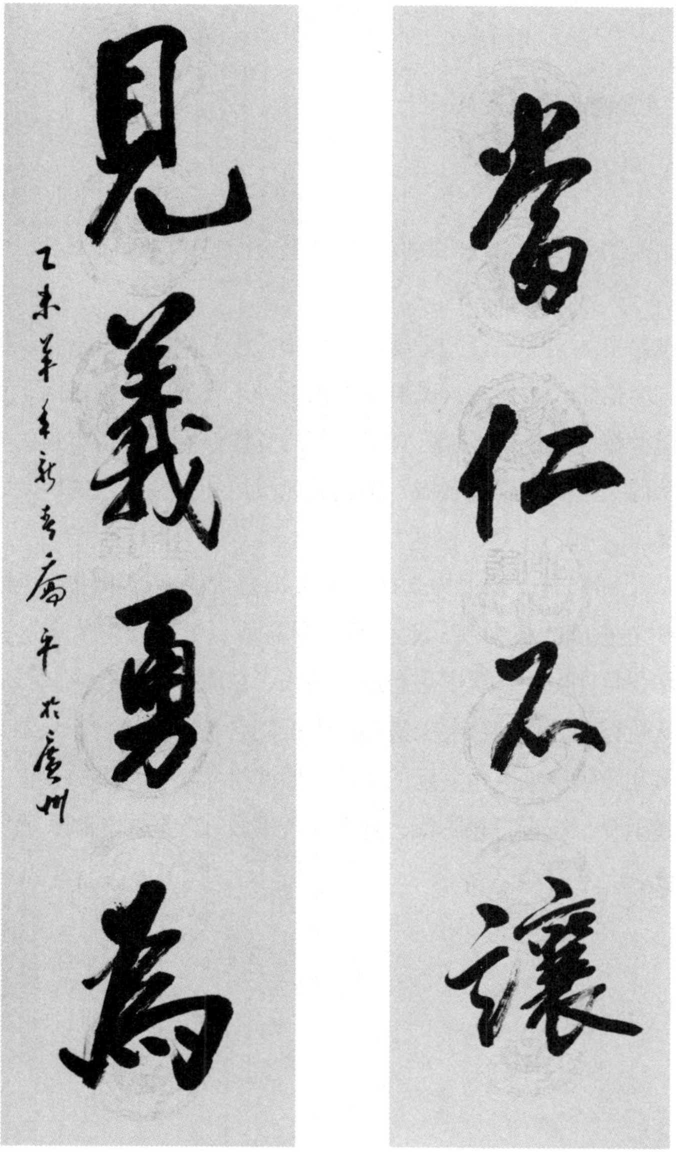

乔平　书

联文

廉政人人皆赞口
文明处处总称心

出处

当代·洪炎德题党政机关联

读联随笔

这是一副朗朗上口的党政机关联，作者洪炎德是中华诗词学会、中国楹联学会会员。

廉政建设是机关文明建设的重要组成部分。我们积极倡导富强、民主、文明、和谐的国家信念，不仅为人民群众提供了为人处世的精神指南，更对党员干部提出了道德标准。这对于加强党员干部的党性修养，保持党员的先进性，进一步拓宽从源头上防治腐败领域，推进党风政风和社会风气的转变，具有十分重要的意义。

对于党员干部来说，要把树立社会主义核心价值观与推进党风廉政建设结合起来。树立正确的权力观、地位观、利益观，把牢理想信念这一“总开关”，不断增强自律意识，筑牢思想道德防线，自觉按照社会主义核心价值观的要求规范从政行为，用社会主义道德风尚抵制各种腐朽思想，从源头上铲除各种不正之风和腐败现象滋生蔓延的土壤。要严格落实党风廉政建设责任制，强化一条红线观念，筑牢思想防线，健全完善廉政风险防控机制，着力推进廉政型机关建设。

（明纯）

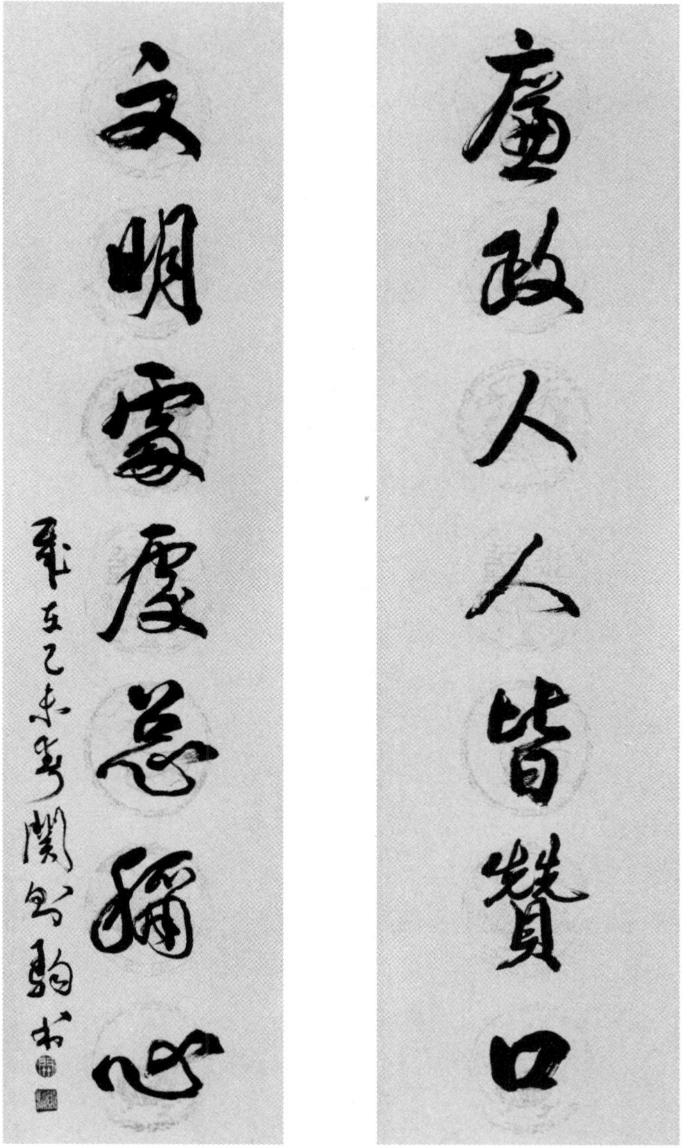

关则驹　书

联文

来往游人，须知爱惜花柳
春秋佳日，切莫辜负湖山

出处

清·彭玉麟题杭州西湖三潭印月联

读联随笔

此联是清代彭玉麟题撰的杭州西湖三潭印月小瀛洲牌坊联。

彭玉麟，清朝著名政治家、军事家、书画家，人称雪帅。与曾国藩、左宗棠并称“大清三杰”，与曾国藩、左宗棠、胡林翼并称“中兴四大名臣”，湘军水师创建者、中国近代海军奠基人，官至两江总督兼南洋通商大臣、兵部尚书。彭玉麟于军事之暇多才多艺，诗书画俱佳，他一生画了上万幅梅花图，在每幅梅花图都题上以梅花寄情的咏梅诗。他的“墨梅图”更是冠绝，与郑板桥的墨竹齐名，被称为“清代书画二绝”。

杭州西湖之美半在天然，半得人文。联为景增色，景为联添辉，极具中华文化精神、古今高雅倾情珍献、遍布山水各处的楹联无疑为西湖增色无数，它们既是西湖之精华，亦是中华文化之瑰宝。正如此联：“来往游人，须知爱惜花柳；春秋佳日，切莫辜负湖山。”对游客乃至世人语重心长，劝诫大家爱惜大自然的美丽景色，不要蹉跎光阴。其积极上进之心，溢于言表。

历史经验反复表明，文明虽然是国家的软实力，但是它的建成，则需要有国民的硬素质。而积极上进的心态，绝对是文明的一种。正如，文明的人不会只琢磨人不琢磨事，而是努力做好工作，创造良好的业绩；文明的人不会只说空话不办实事，而是用更高的效率帮助别人办好事。文明的人是进取的人，干事创业是其终身的奋斗目标。

（明纯）

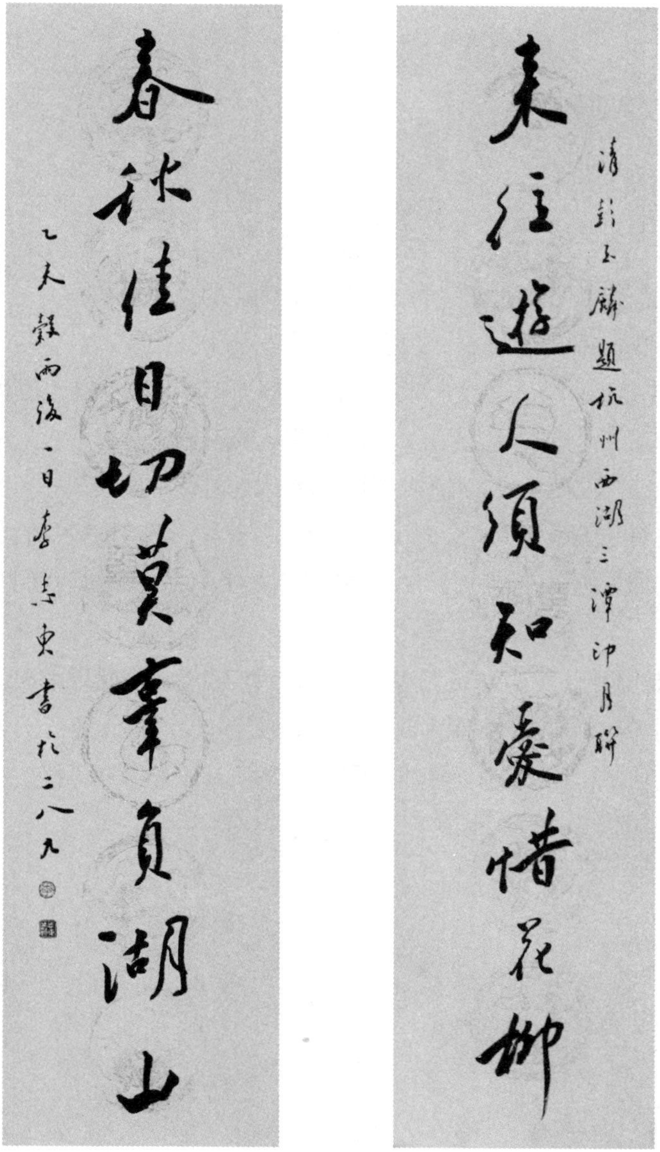

李志东 书

联文

从光明面看社会
以豁达度对人生

出处

当代·汪应良撰联

读联随笔

此联对仗工整，韵味深长。以“光明面”“豁达度”的积极态度应对社会、人生，相信我们必将拥有一个更光明、更灿烂的美好未来。

的确，当我们孤独无依时，究竟谁才能真正给予我们安慰？

亲人、朋友、师长，这些全部是我们长久以来的诉求对象，在我们的心里，普遍都相信，这些人际关系正如同那可以遮风避雨的花房，人生再怎么坎坷，我们终能在其庇荫下步完全程。但是否有人想过，“他们”一样承不起你我的一生，终有一天，你我将会发现，要想走完全程，仍得依赖我们自己的一双脚。真正的力量源泉，最后仍得反求诸己，换句话说，那就是我们的思想、我们的信仰！

有了积极的思想，有了坚定虔诚的信仰，我们自会寻得足以承担千钧万钧之力量，牵引着我们前进，使我们所向披靡，攻无不克，战无不胜。人生，本就是一连串的攻坚行动，我们与生俱有的唯一职责，正是不屈不挠、锲而不舍地攻下每一个横阻于前的城池，直到我们重返自然而后已。

（明纯）

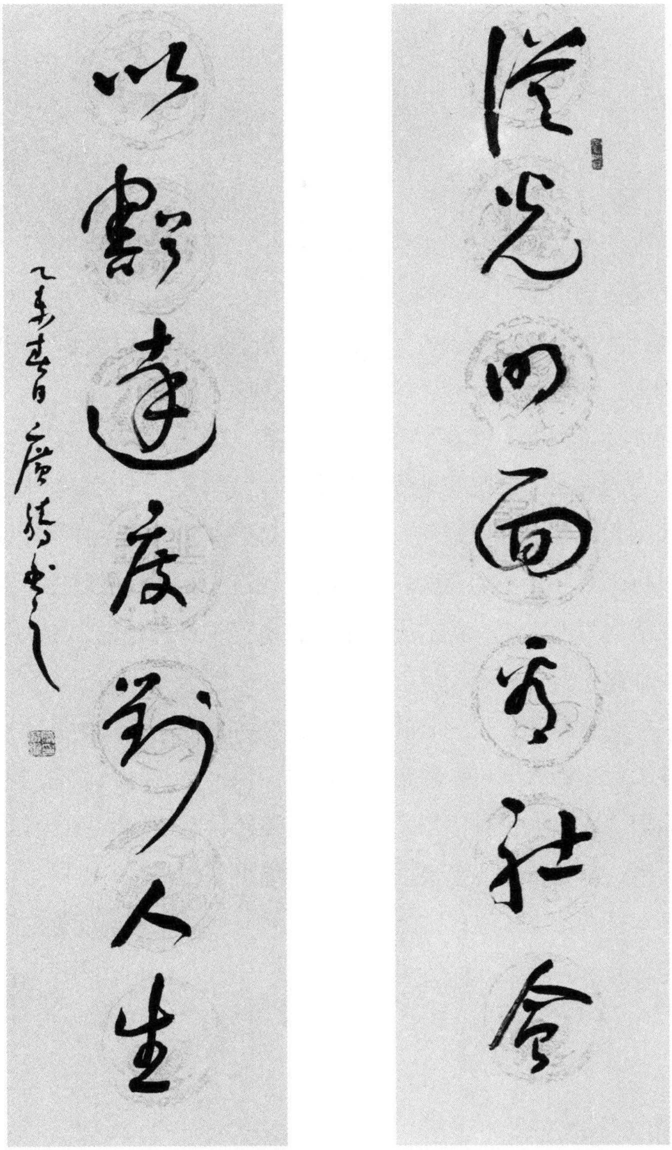

陈广腾 书

联文

不生事，不怕事，自然无事
能爱人，能恶人，方是正人

出处

佚名撰联

读联随笔

“不生事，不怕事，自然无事”，意指既不主动挑起事端，也不害怕突发事件，你就不会受到事件的坏影响。

“能爱人，能恶人，方是正人”，意指你知道该爱什么样的人，也知道该厌恶什么样的人，那你就是个端正的人。

儒家入门读物《大学》就有“唯仁者能爱人，能恶人”这句话。意思是，只有有仁爱之心的人，才会坚定地爱某些人，恨某些人。《大学》里说，对于那些妨贤而病国的坏人、奸臣，只有仁者才会对它深恶痛绝，并采取确实有效的行动与之对抗。对坏人不能有所作为，是一种过失。朱熹最后注释说，知道爱憎，“而未能尽爱恶之道，盖君子而未仁者也”，意思是说，如果爱恨不分明、不彻底，那这个君子算不上足够的“仁”。

上下联倡导的意思其实是关联的。上联说要讲求低调谨慎的处事态度，但不惹事生非并不意味着软弱可欺。当“树欲静而风不止”时，只有“不怕事”的态度，才能把“大灰狼”赶出自家的羊圈，还要让它付出惨重的代价。善良本身不是错，错的是以善良的名义而软弱，不懂得保护自己的羊圈。

中国儒学本身就留下了这样的诫命：对恶者，要“深恶而痛绝之”“唯仁者能爱人，能恶人”。

（明纯）

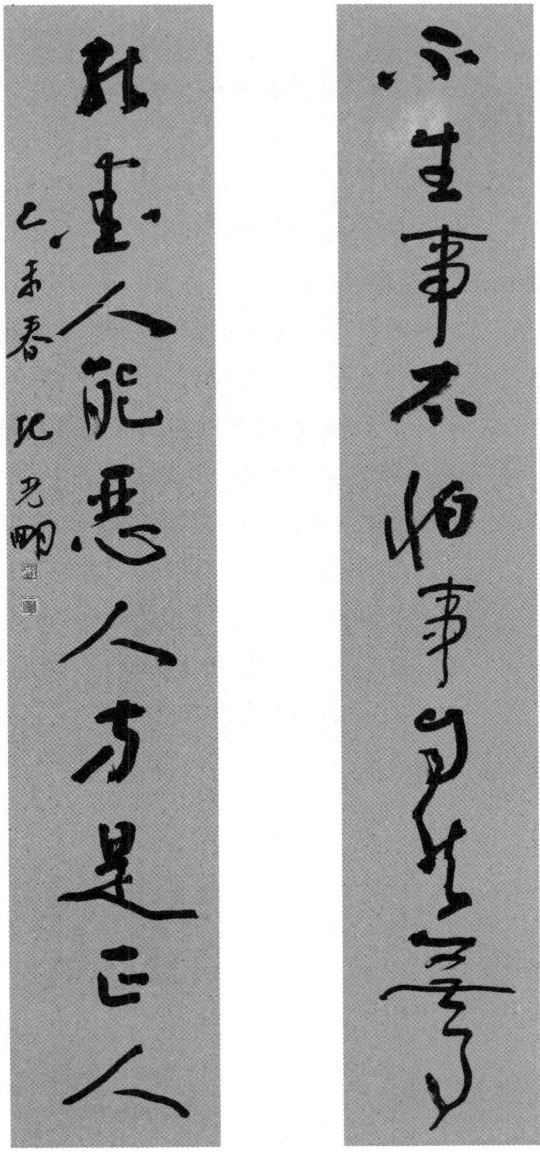

纪光明　书

联文

诸恶不忍作
众善必乐为

出处

清·爱新觉罗·胤禛（雍正）题北京故宫养心殿东暖阁联

读联随笔

“诸恶不忍作，众善必乐为”，这是雍正皇帝在北京故宫养心殿东暖阁题写的对联，其匾额取“惟仁”两字。

作为一个封建帝王，雍正皇帝有很多可取之处的。比如他非常重视道德教化，倡导以仁治国，“诸恶不忍作，众善必乐为”。且来看看他对于拾金不昧的奖励吧。河南孟津县翟世有拾得银子170两不受谢，他亲自颁旨给七品顶戴，赏银100两；商丘穷人陈怀金拾金24两不受谢，他又亲自颁旨给九品顶戴，赏银50两。类似的事情都由他亲自进行了国家级的表彰。

文明是社会主义核心价值的关键词之一。从国家层面来讲，文明是指国家创造的物质财富与精神财富的总和；从社会层面来讲，文明是社会秩序的确立；从人的层面来讲，文明则是指人的教养和开化状态。文明是谦恭有礼，是内在的德行开放出来的一枝鲜花。从这个角度讲，倡导“诸恶不忍作，众善必乐为”也是一种文明的表现吧。

（明纯）

谭文选 书

联文

文明千载
一代新风

出处

雷铎自撰联

读联随笔

文明是一缕照亮人类社会的曙光，使人们脱离了野蛮的生存状态，创造出灿烂的物质财富与精神财富，成为推动国家不断前进的力量。

我国历史上第一次出现“文明”一词，是在《易传》当中，并且多次出现，如“见龙在田，天下文明”“内文明而外柔顺”等等。中华文明上下千载，如江河奔流不息，塑造了中华民族坚韧、自强等内在品格，也创造了我们悠久的农耕文明、手工业制造、政治文明、思想文化。而进入现代社会，中华文明又进行自我更新与完善，与时俱进，物质生产得到大力发展，科学水平不断提升，使我们国家成为了现代化的文明之国。

这笔延续千年的宝贵文明财富，不仅见证着国家过去的辉煌，也能为我们在当下培育社会主义核心价值观的实践中，提供养料。所谓“千载文明，一代新风”，便是要继往开来，让古老的文明继续焕发蓬勃生机，为社会主义建设事业锦上添花。

（关禾）

雷铎 书

和谐

和　谐

我们所要建立的社会主义和谐社会，应该是民主法治、公平正义、诚信友爱、充满活力、安定有序、人与自然和谐相处的社会。

——胡锦涛2005年2月在中共中央举办的省部级主要领导干部提高构建社会主义和谐社会能力专题研讨班开班式上的讲话

联文

公生明，偏生暗
智乐水，仁乐山

出处

郭沫若题侯外庐联

读联随笔

上联出自《荀子·不苟》，下联出自《论语·雍也》。

战国时期著名思想家、政论家、文学家荀子，很早就提出了“公生明，偏生暗，端生通，伪生塞，诚生信，夸生惑”的观点。到了明代，有“明初理学之冠”之誉的大学者曹端（1376—1434），大力提倡为政必须坚持“公廉”。曹端在霍州任学正时，知府郭晟问为政，他答曰：“其公廉乎！公则民不敢慢，廉则吏不敢欺。”明朝末期，“公廉”开始演变成为“吏不畏吾严，而畏吾廉；民不服吾能，而服吾公。公则民不敢慢，廉则吏不敢欺。公生明，廉生威”的三十六字官箴。

关于“三十六字官箴”，还有一个小故事。广东连平人颜希深（1729—1780）任山东泰安知府时，偶然在府衙的墙壁上看到前泰安知州顾景祥于明孝宗弘治十四年（1501年）刻下的一块石碑，碑文正是这三十六字官箴。读罢碑文，颜希深觉得此箴“言约意深，为居官之要领”。乾隆二十三年（1758年）正月下旬，他依照原碑文重新刻石并跋，立碑于署内西厢房，作为座右铭。颜希深调离泰安时，将“官箴”的拓片带在身边，时时以“官箴”约束自己。颜希深还以“官箴”教育自己的后代，让他们牢记“公生明，廉生威”。据史书所载，颜希深的儿子颜检官至直隶总督，他的孙子颜伯焘官至闽浙总督，另一孙颜以燠则官至东河总督。颜家祖孙三代任高官长达百多年，上受朝廷的信任，下受百姓的爱戴，这在封建社会里是相当罕见的。“一门三世四督抚，五部十省八花翎。”这是人们对颜氏一门子孙显达的赞誉。

三十六字官箴的精髓，无疑是“公生明，廉生威”。明清两代的正直官员，把勤廉公诚当作为政之道，这是耐人寻味的。在坚持“立党为公、执政为民”的今天，“公廉”二字仍有着重大的现实意义，我们应当大力倡导。

（魏育涛）

许鸿基 书

联文

事因知足心常乐
人到无求品自高

出处

冰心撰养生联

读联随笔

每天早上一打开微信，朋友圈里的标题一个比一个劲爆：《惊天大秘密，红枣再不能这样吃了》《你越早看到，你就活得越久》《喝了这碗汤，永远不会得子宫癌》。形形色色似是而非的“养生秘笈”扑面而来，教人惴惴不安。天！健康长寿真的有这么多清规戒律吗？赏读冰心老人改写前人的这副养生联，顿时令人如沐春风般神清气爽。大道至简，养生其实很简单，渴望长命百岁没有错，但别忘了养生须先养心，心知足才能常乐，心理上的坦然放松对健康带来的益处，远远胜于山珍海味十全补药。卸下心中的奢求，不做非分之想，不做非为之事，唯如此，方能怡然自得地生活，清白本分地做人。

“知足”“无求”既是养生的真谛，又是品格的写照。冰心老作家深谙此中真味，乃高寿百年。当然，这是一副养生联，这里的“知足”和“无求”指的是在生活和待遇上应持有的态度，对于工作和事业，我们却不能安于现状得过且过。“中国外科之父”裘法祖教授也曾阐发过其中之妙理：“做人要知足，做事要知不足，做学问要不知足。”

知足然后知不足，善莫大焉！

（刘文华）

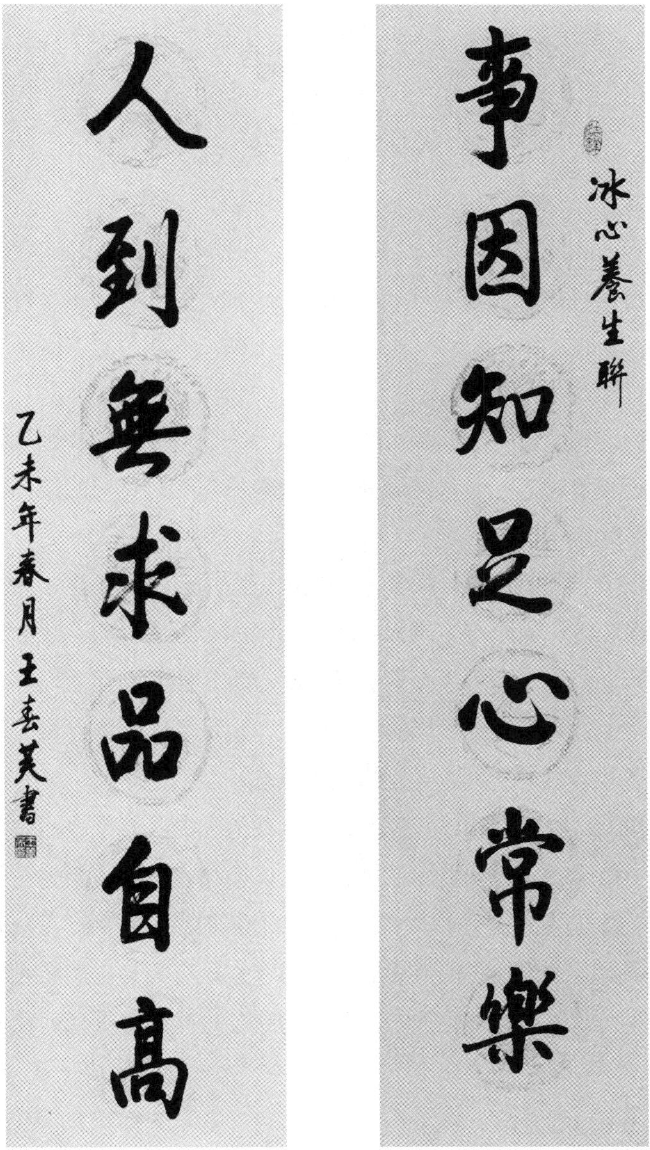

王春芙 书

联文

风正民心顺
人和国事安

出处

佚名改联

读联随笔

此联改自宋·汪洙《神童》诗句：“国正天心顺，官清民自安。”

这是一副当句对，也称句中对，是对仗的一种，即一句之中某些语词自成对偶。此联中，上联“风正”对“民心顺”，下联“人和”对“国事安”，属于不等字当句对。

当句对也称“句中自对”，是对联格律中一个非常重要的规则和技巧。当句对中也有工对和宽对，尤以宽对最具魅力，利用当句对宽对的技巧，可以大大拓宽对联创作的思路。

上联“风正民心顺”，风，指党风、政风、民风。政者正也，风气正才能民心顺、事业兴。良好的政治生态，可以凝心聚力，形成合力。政治生态事关国家、地区发展全局，对经济社会发展环境起着决定性的作用。良好的政治生态已经成为一个地方经济社会发展的重要标志，也是反腐倡廉建设成效的重要表现。因此，必须努力营造风清气正的政治生态环境。

下联“人和国事安”，和，和睦、和谐。政治和谐，就是政治安定；社会和谐，就是社会稳定；人的和谐，就是人与人、人与自然和平相处。中国文化中，以“和”为本的宇宙观，以“和”为善的伦理观，以“和”为美的艺术观，共同构成了中国文化核心价值观的重要内容。只有人与自然、人与社会、人与人之间达致和谐依存的理想状态，我们的社会才能生生不息，我们的国家才能繁荣发展。

（明纯）

黄峨 书

联文

手牵手感恩社会
心连心构建和谐

出处

当代·郭春华联

读联随笔

这副七字联初看平淡如水，再读，觉得平中见理，淡中有味。这样的对联，没有引经据典，不会佶屈聱牙，大白话说的正是咱老百姓的暖心话。

感恩社会，构建和谐，看似大命题，落到实处，它与我们每一个“小人物”息息相关。一个人能力有大小，但只要怀揣一颗感恩的心，从小事做起，从身边事做起，美好的愿景就可能变为现实。

手牵手心连心，说起来容易，践行起来并不轻松。就算是公交车上的一次让座，也少不了手的温度、心的体谅。因托举即将坠楼的女童而感动国人的“托举哥”周冲说：“这只是举手之劳。”这只是举手之劳吗？在别人危难之际不顾自身安危伸出援手，事后悄然离去，这，是真正善良的心灵！那十几分钟的托举，托举起了一个生命，也托举起平凡人的无私大爱。

人类直立行走解放了双手，我们用双手抚育儿女赡养父母，用双手创造财富勤俭持家，我们还要用双手帮助需要帮助的人，因为和谐的社会就像一个大家庭，把心打开，把真情留下来，才能“把爱写在未来”。

（刘文华）

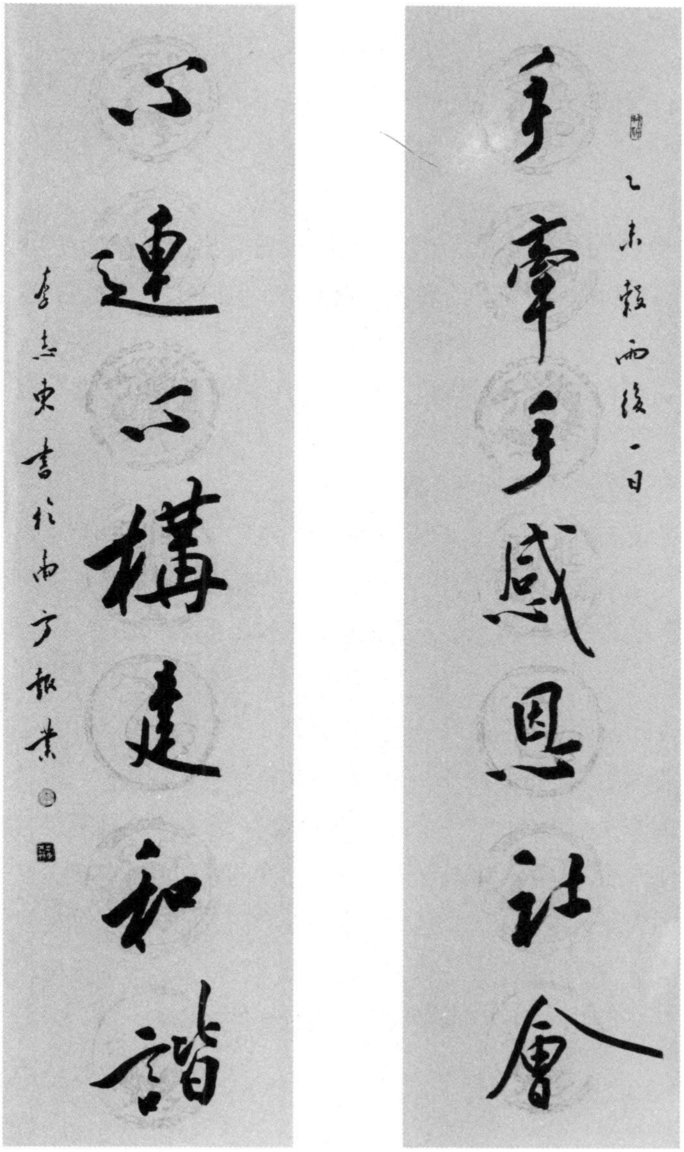

李志东 书

联文

以慧眼看人，无物不照
拿良心做事，随处皆春

出处

当代·赵梓材撰处世联

读联随笔

“借我借我一双慧眼吧，让我把这纷扰看个清清楚楚明明白白真真切切”，那英唱红的那首《雾里看花》传唱至今，但很多人不知道，这是词作者阎肃老师专门为“3·15”晚会而作的“打假歌”。听说慧眼可以洞察凡间一切，消费者借得这么一双慧眼，在变幻莫测的消费市场里就不会“雾里看花”了。

慧眼真有这么神？不见得！毒奶粉、瘦肉精、毒馒头、毒豆芽……层出不穷的问题食品让人防不胜防，“自己种的菜不吃”“自己养的猪不吃”“自己做的点心不吃”……当这个只有“自己人”才知道的潜规则变成食品行业的“共识”时，就算你有一双慧眼，恐怕也难逃有毒食品的魔爪——除非你什么都不吃！

民以食为天，食品安全拷问着国人的良知。一些人总爱问“良心一斤值多少钱”，河北保定卖“良心油条”的刘洪安用行动回答：凭良心做事，代价并不高，每天倒掉三斤废油就守住了良心的底线。“油条哥”摸着良心赚钱，坚持不用一滴复炸油，生意越来越红火，慕名而来的顾客越来越多。

“己所不欲，勿施于人”，是刘洪安写在大门上的标语。如果我们能推己及人，像爱自己一样关爱别人，那么，这个世界将变成美好的人间，慧眼将不再疲于分辨真真假假，慧眼将用来欣赏这姹紫嫣红的春天。

（刘文华）

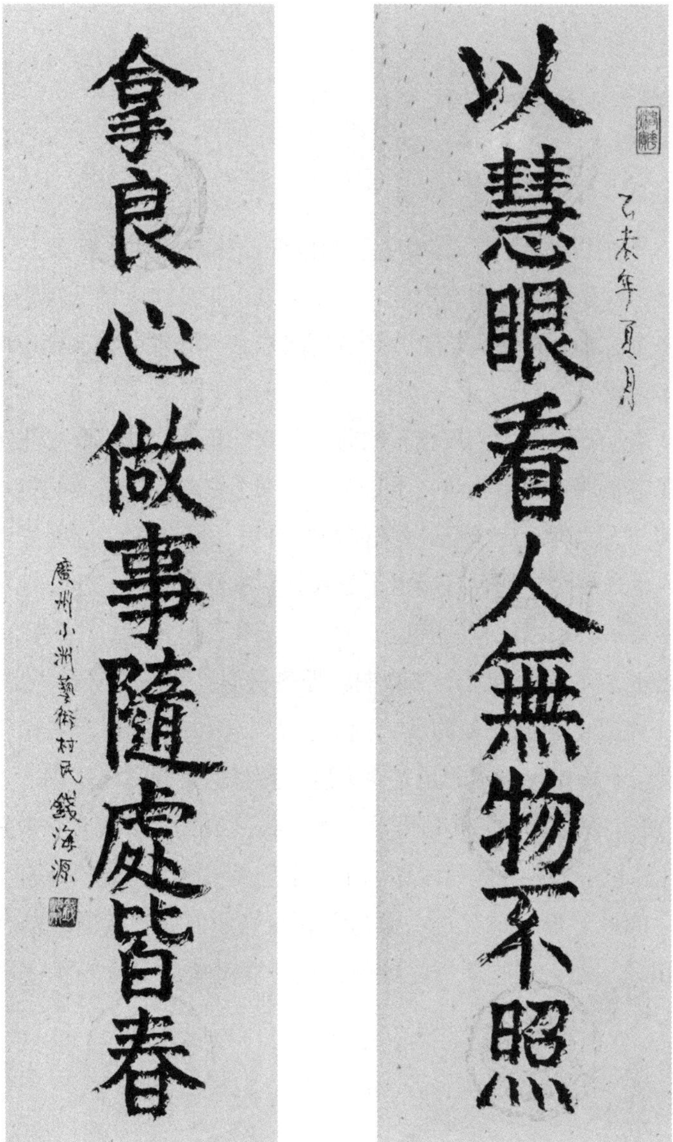

钱海源 书

联文

忍片时风平浪静
退一步海阔天空

出处

清·彭世昌《座右铭赘语》卷三

读联随笔

说到忍，不由得想起“百忍成金”的传说。唐代郓州人张公艺，九代同堂，和睦共处，其乐融融，唐高宗问其治家义方，张公让人铺纸端墨，一口气写下了一百多个忍字。据说高宗十分赞赏遂赐号“百忍堂”，从此各地张姓大都以“百忍”为堂号。

谈到退，不能不说到“六尺巷”的典故。康熙年间，礼部尚书张英的家人与邻居吴家在宅基地上发生争执，于是家人飞书上京求救，张英回批一首打油诗：“千里来书只为墙，让他三尺又何妨？万里长城今犹在，不见当年秦始皇。”张家人于是豁然开朗，院墙退了三尺，吴家受到感化，也让地三尺，由此两家之间形成了一条六尺宽的巷道。

失三尺之地，得百世流芳。安徽桐城那条看似寻常的巷子虽不足200米，却承载着谦让克己、崇德重礼的博大内涵；忍字心头一把刀，家和才能万事兴，“百忍堂”千百年来传承的是宽容大度、智慧达观的文化基因。

脍炙人口的前贤故事一直传颂不衰，给一代又一代的中华儿女带来和风细雨的精神洗礼，也带来无尽的思索和启示。家是最小国，国是千万家，着眼当下，人与人之间该怎样互谅互让，家与家之间当如何守望互助，甚至国与国之间该怎样和平共处，这些永恒的课题无疑能在民族的优秀精神遗产中寻求到答案。

（刘文华）

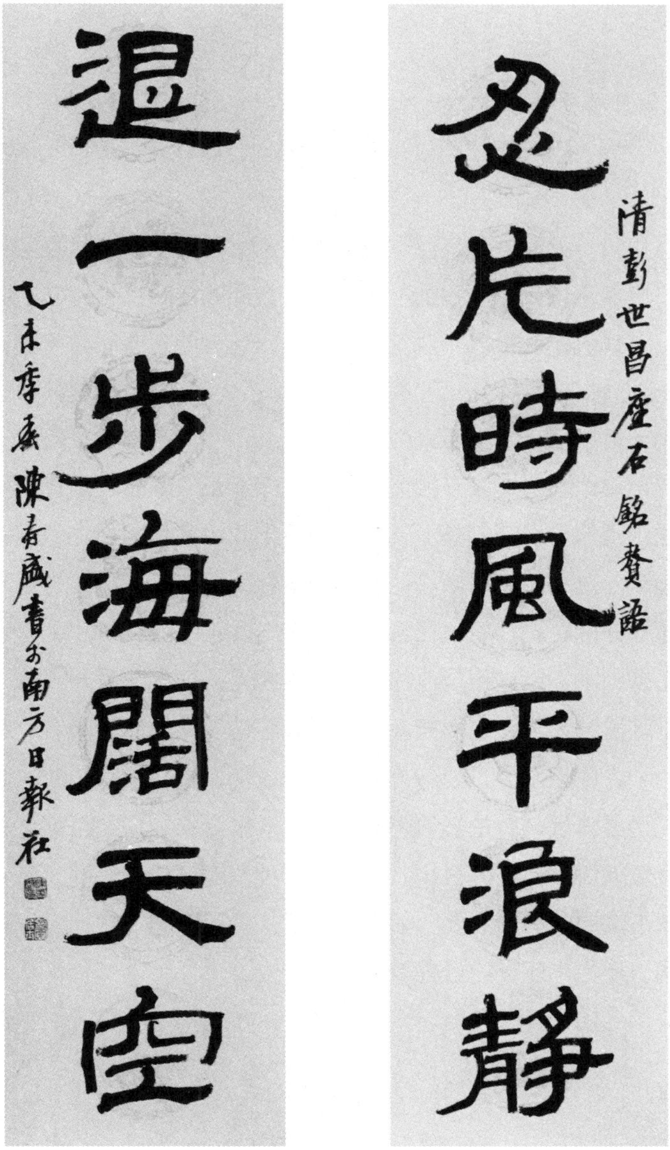

陈春盛　书

联文

海纳百川，有容乃大
壁立千仞，无欲则刚

出处

清·林则徐自题厅事联

读联随笔

“海纳百川”，大海可以容得下成百上千条江河之水。晋代袁宏《三国名臣序赞》有“形器不存，方寸海纳”句，宋代李周翰注曰：“方寸之心，如海之纳百川也，言其包含广也。”“有容乃大”，包容的东西非常广泛，而且数量很大。语出《尚书·君陈》：“有容德乃大。”“壁立千仞”，形容岩石高耸。仞，古代计量单位。语出《水经注·河水》：“其山惟石，壁立千仞，临之目眩。”“无欲则刚”，没有世俗的欲望，才能正气凛然、刚直不阿。

提起“虎门销烟”，国人马上就会想到清末政治家林则徐。他以铮铮硬骨为中国人立起了一尊不朽的塑像。他胸怀豁达坦荡，大公无私，为官一任，造福一方。在他升任两广总督后，在官厅上题书一联：“海纳百川，有容乃大；壁立千仞，无欲则刚。”这正是他的博大胸襟和无私境界的写照。

大海之所以浩瀚无垠，广阔博大，是因为容纳了无数江河水。一座城市、一个集体、一个人要想发展，要想兴盛，要想成功，也必须有开放的心态、宽容的胸襟。说得具体点，就是必须解放思想，博采众长，广纳百家之见；不囿于小圈，而是像大海一样包容百川。包容是一种气度，这种气度，个人需要，集体需要，城市需要，国度需要。如果拥有了这种包容的气度，人生的境遇就会越来越开阔，现代化建设的进程也会越来越快。

（何永红）

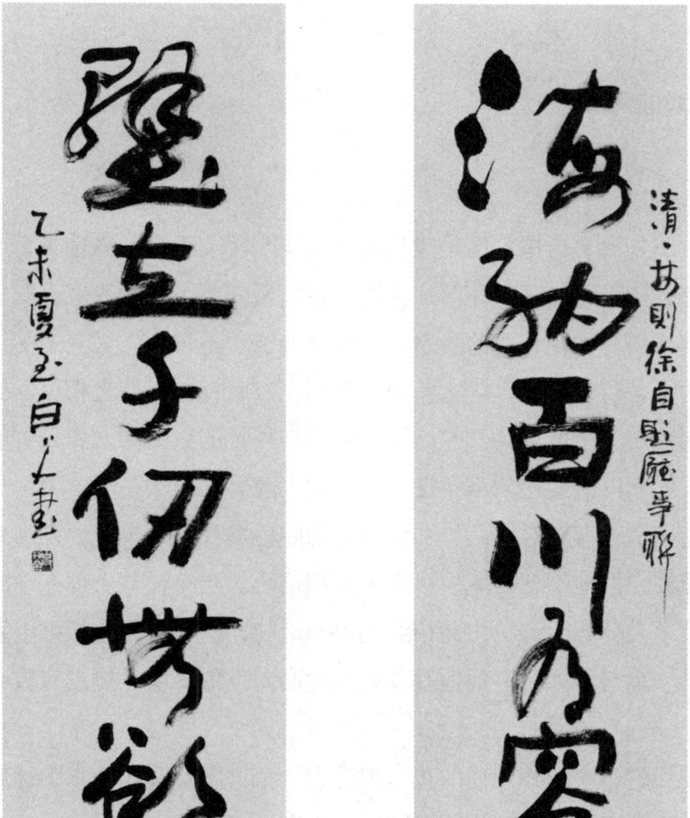

许固令　书

联文

宠辱不惊，看庭前花开花落
去留无意，望天上云卷云舒

出处

当代·刘海粟改联

读联随笔

此联并非刘海粟自撰，而是改自明·洪应明《菜根谭·概论》，原句为：“宠辱不惊，闲看庭前花开花落；去留无意，漫随天上云卷云舒。”

视宠信或侮辱如花开花落般平常，故而能够“不惊”。《老子》云：“宠为上，辱为下，得之若惊，失之若惊，是谓宠辱若惊。”与之相反，受宠受辱不大介意，置得失于度外为“宠辱不惊”。视外物的去留如云卷云舒般变幻，所以能够“无意”。这是刘海粟这副对联的大意。

对联道出了刘海粟对待名誉和地位的超脱心境和耿直秉性。刘海粟一生曾多次蒙冤受屈，但他不悲不戚，对未来充满信心。当年，刘大师在上海美专破天荒地开设了人体写生课，由此招致物议与威胁，甚至有人在报纸上发表文章骂刘海粟是“禽兽不如”，但他并没有因此而向世俗妥协，更没有放弃自己的艺术追求。

他以顽强的生命力和无尽的艺术创造力，奋力攀登，在艺术上达到了一般人难以企及的高峰。他的一生既有顺境，也有逆境；既有辉煌的时候，又有困厄的遭遇。他四次中风，有三次特别严重，但是他每次都没有向病魔低头，而是顽强地渡过厄运。这正像他自己所说：“人生的道路不可能一帆风顺，坎坷固然毁灭过人，也造就过很多强者……”

读联，我们可以感受到一代艺术大师刘海粟的秉性情怀，感受到他那豁达乐观的生活态度，得益匪浅。

（杨之璀）

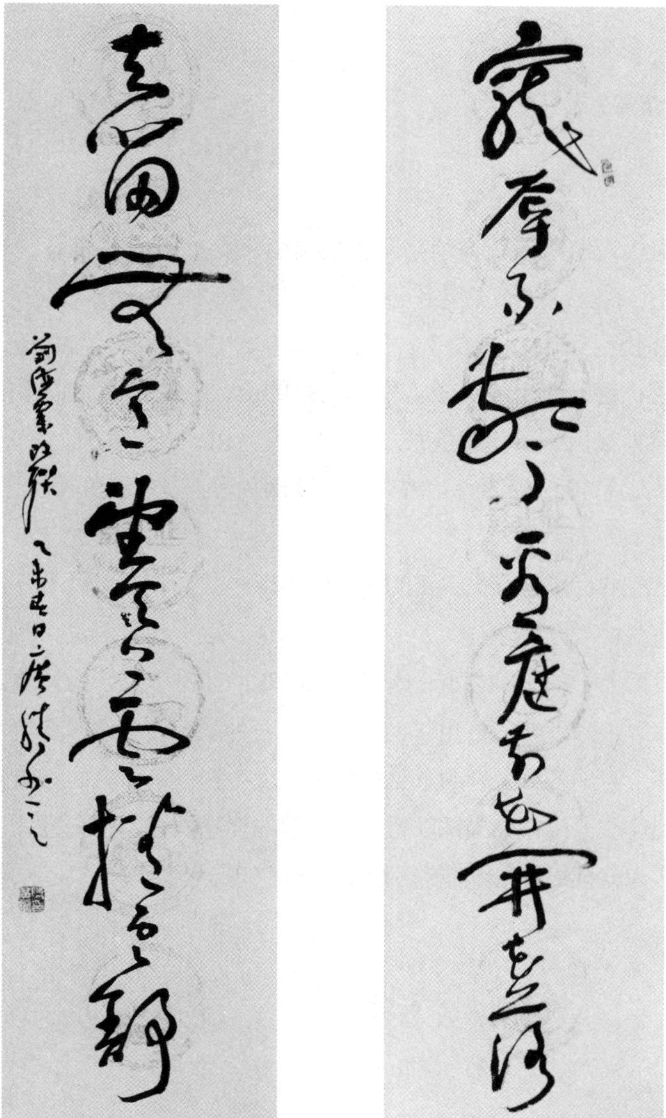

陈广腾 书

联文

积德若为山，九仞头休亏一篑
容人须学海，十分满尚纳百川

出处

明·谭纶撰联

读联随笔

此联为明代谭纶所撰。谭纶是明代抗倭名将、杰出的军事家、戏曲活动家，与戚继光、俞大猷、李成梁齐名。

上联典出书经《尚书·旅獒》：“为山九仞，功亏一篑。”九仞，极言其高；亏，欠缺；篑，盛土的筐子。堆九仞高的山，只缺一筐土而不能完成，比喻做事情只差最后一点没能完成。“积德若为山，九仞头休亏一篑”，意思是劝诫世人，行善积德要善始善终，不要因为一些小节上的瑕疵而“功亏一篑”。

下联典出海纳百川。晋代袁宏的《三国名臣序赞》：“形器不存，方寸海纳。”李周翰注：“方寸之心，如海之纳百川也，言其包含广也。”意指大海可以容得下成百上千条江河之水，比喻包容的东西非常广泛，而且数量很大。“容人须学海，十分满尚纳百川”，就是倡导一种宽容的心态，要学习大海宽阔的胸怀，善于容纳各种各样的意见和存在。人生在世，你会面对很多的人和事，不管遇到什么情况，如果都以宽容和坦然的姿态面对，不去过分计较自己的得失，那么你就会很容易地原谅别人，收获快乐。

（明纯）

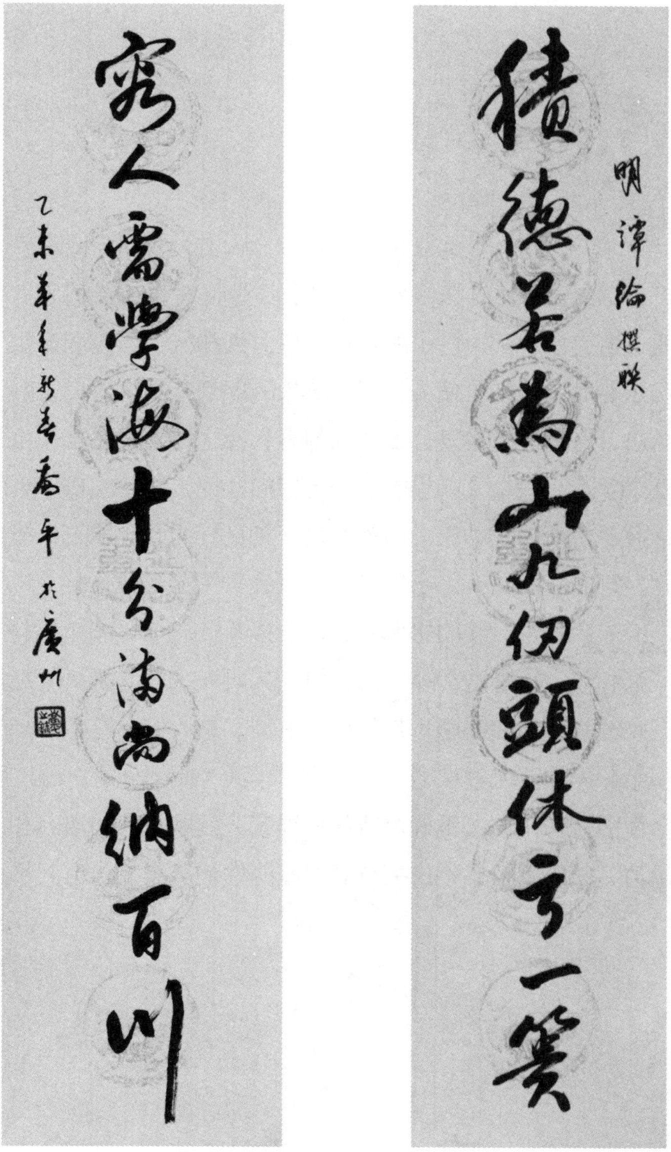

乔平 书

联文

人乐百年寿
家和万事兴

出处

佚名集句联

读联随笔

上联的“人乐”，指人世的欢乐。《庄子·天道》：“与人和者，谓之人乐；与天和者，谓之天乐。”唐·成玄英疏：“俯同尘俗，且适人世之欢；仰合自然，方欣天道之乐也。”庄子的话意是说对人和气，与人和谐相处，就会得到人世的欢乐。而乐观则可使人长寿。清代医家刘默则说得更为明白：“人之性情最喜畅快，形神最宜焕发，如此刻刻有长春之性，时时有长生之情，不惟却病，可以永年。”一个人如果能有一个好的心情，保持积极乐观的精神状态，那他就掌握了生命的主动权。因为这是一种良好的心理状态。愉快的情绪能使五脏安和，气血旺盛。有了心理平衡，就会有生理平衡；有了生理平衡，人体的各个系统才会处于最佳的协调状态，发挥其祛病延年的作用。

下联的“家和”，指家庭和睦。出自清·吴趼人《二十年目睹之怪现状》第八十七回。家庭是社会的细胞，是生活的港湾，是人们创造生活享受生活的地方。“世间第一乐地，无过家庭。”（清·李渔《闲情偶寄·颐养部》）家庭生活与社会生活密切相关，正确对待和处理家庭问题，共同培养和发展夫妻爱情、长幼亲情、邻里友情，不仅关系到家庭的幸福美满，也有利于社会的安定和谐。

（熊经浴）

林敏玲 书

关于社会

自由 平等 公正 法治

任何社会都有自己的核心价值观。核心价值观是文化软实力的灵魂，是维系社会团结的精神纽带、指引社会前进的精神旗帜。自由、平等、公正、法治，是从社会层面对社会主义核心价值观的高度凝练，也是对美好社会的生动表述。

自由

自　由

在人民内部，不可以没有自由，也不可以没有纪律；不可以没有民主，也不可以没有集中。这种民主和集中的统一，自由和纪律的统一，就是我们的民主集中制。在这种制度下，人民享受着广泛的民主和自由；同时又必须用社会主义的纪律约束自己。

——习近平《之江新语·要“民主”，还要“集中”》

联文

力填平等路
血灌自由苗

出处

清·蒋智由《卢骚》诗

读联随笔

18世纪初，法国封建专制制度根深蒂固，人民大众与封建势力之间矛盾尖锐。正是在这个背景下，法国产生了一大批资产阶级启蒙思想家。其中，卢梭在《社会契约论》一书中，深刻地阐述了以天赋人权理论为基础的“主权在民”思想。“主权在民”思想后来不仅转化成为法国《人权宣言》的基本精神，被凝练为“自由、平等、博爱”的响亮口号，而且为北美独立战争提供了理论根据，人们把它当作反抗封建统治、争取自由解放的强大思想武器。

蒋智由是近代诗人，浙江人。早年留学日本，参加过光复会等革命团体，与黄遵宪、夏曾佑被梁启超并列为“近世诗界三杰”。从20世纪初开始，主张维新、追求民主革命的中国知识分子将卢梭的学说看作救亡图存的“灵药宝方”，在诗文中热烈赞美卢梭，表达追随卢梭、投身革命的热切愿望和坚定决心。梁启超就十分推崇卢梭。蒋智由也受到卢梭思想的影响，他最著名的诗作正是这首《卢骚》：“世人皆欲杀，法国一卢骚。民约倡新义，君威扫旧骄。力填平等路，血灌自由苗。文字收功日，全球革命潮。”诗歌抒发拯时济世的抱负，反对封建专制的束缚与压迫，颂扬西方资产阶级民主、平等、自由的思想，呼吁变革，期望祖国的复兴强盛，豪宕恣肆，富有朝气。

（明纯）

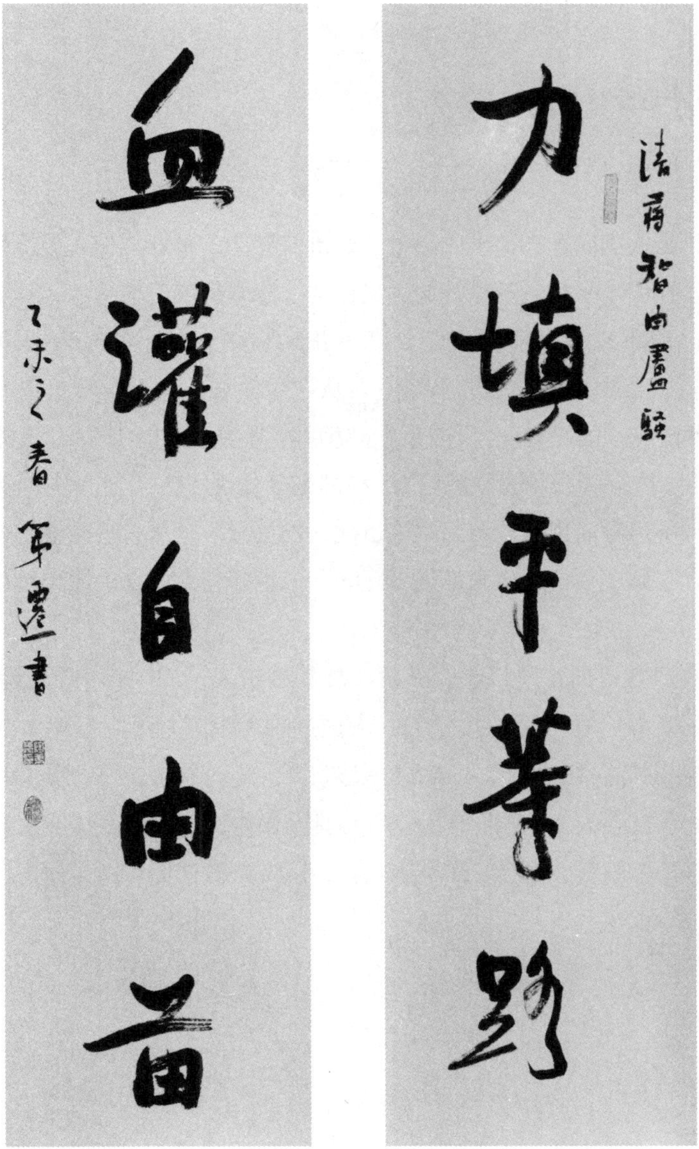

陶第迁 书

联文

自由人向往
平等世追求

出处

当代·严恩萱赠严自平嵌名联

读联随笔

自由，是人类向往和追求的一种美好价值形态；平等，是人类社会的终极理想状态。自由与平等，都是社会主义社会的基本价值追求。

从“己所不欲，勿施于人”到“真正的自由，并不意味着可以随心所欲，而是可以自由地做正确的事情”，从“生命诚可贵，爱情价更高。若为自由故，两者皆可抛”到“自由是全部精神存在的类的本质”“人的类特性恰恰就是自由的有意识的活动”，这些都充分体现了人类对自由的认识和追求。而从“不患寡而患不均”到“等贵贱、均贫富”，从“平等就是穷人不占富人的便宜”到“一切人生来都是平等的”，也都充分体现了人类对平等的认识和追求。

中国共产党自创建之日起，就将实现和维护人民的“自由”、建立人人“平等”的新社会作为己任。党的一大通过的《中国共产党纲领》就明确提出消灭 “社会的阶级区分”，党的七大将“建设一个独立的、自由的、民主的、统一的、富强的新中国”作为奋斗目标。新中国成立后，《宪法》规定了公民享有言论、出版、集会、结社等自由，以及宗教信仰自由、通信自由等诸多自由。

（明纯）

刘小毅 书

联文

在立脚点要平等
于出头处求自由

出处

民国·陶行知题联

读联随笔

这是教育大家陶行知的名言。“在立脚点要平等，于出头处求自由”，意思是教育要平等，竞争要自由。陶行知为此联自注：“上联是中山先生的意思，下联是我自己的意思。”

陶行知先生曾对民国时的旧教育制度进行猛烈的批评，他晚年提出的“六大解放”（解放眼睛、解放双手、解放头脑、解放嘴、解放空间、解放时间）可以说是找准了旧教育操作中的问题，从而提出教育革新的操作措施。

今天学习陶先生“六大解放”思想依然颇具现实意义：解放学生的眼睛，使他们从书本和试卷中解放出来，让他们去看社会、看自然、看生活；解放学生的双手，使他们闲置的双手动起来，去做事情，做到“学做合一”；解放学生的头脑，使他们从“只听不思”中解放出来，开动脑筋，积极思维，学会思维；解放学生的嘴，给他们说的自由，特别是问的自由；解放学生的空间，引导他们走向课外，接触社会，接触自然；解放学生的时间，不用功课把他们的业余时间填满，给他们活动的自由。

陶行知先生曾说过：“当心你的教鞭下有瓦特，你的冷眼里有牛顿，你的讥笑中有爱迪生。”作为身负传道授业解惑重担的教师，必须在课堂中对每一位学生一视同仁，不能因为学生的个别差异而对他们“另眼相待”，要努力创造一种轻松、自由、和谐的学习氛围。

（明纯）

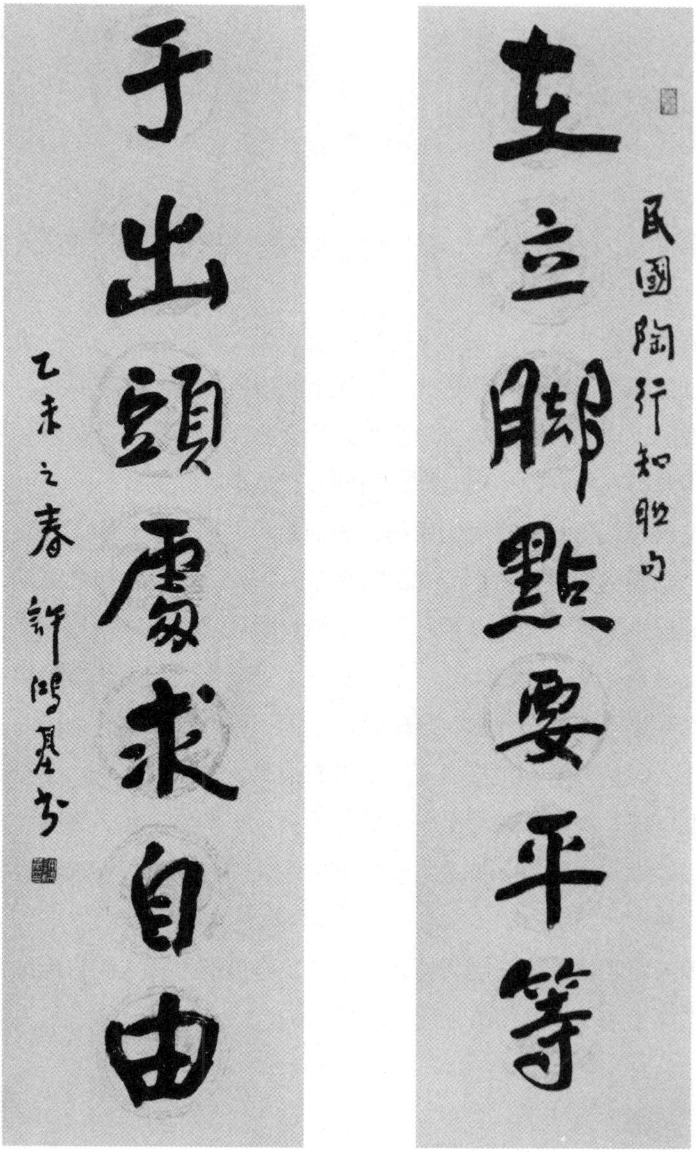

许鸿基 书

联文

礼求平等
婚尚自由

出处

当代·佚名撰联

读联随笔

“礼求平等，婚尚自由”，是民间常见的一副婚联，表达的是人们对婚姻自由和平等的追求与向往。

纵观人类社会的发展，婚姻家庭是随着人类文明的进程一步一步地发展起来的。婚姻是男女结合的社会形式，是社会制度所确认的夫妻关系。不过，人是有社会性的，人的婚姻行为必然会受到社会法律制度、社会风俗和道德观念的制约。因此，在不同的历史时期，婚姻形态也是不同的。

中华民族长期受封建思想的束缚，婚姻关系更加复杂。中国妇女饱受“夫权”奴役，婚姻更加没有自主。“父母之命，媒妁之言”的包办婚姻，剥夺了男女婚姻的自主权；“夫为妻纲”使妻子绝对服从丈夫；“饿死事小，失节事大”使妇女必须“从一而终”；“不孝有三，无后为大”的传宗接代思想使男子对“不育”妻子一纸“休书”赶出家门，男子可以堂而皇之地再娶。

封建社会的包办婚姻是造成家庭不幸的根源。婚姻大事全由父母决定，而男女均无发言权，富豪子弟和平民百姓的子女无一例外。私定终身、以爱情为基础的自由婚姻只是梦想。被誉为爱情千古绝唱的《梁山伯与祝英台》，也只能以悲剧收场。

新中国《婚姻法》越来越秉持人本原则，尊重情爱和人的自由结合，“礼求平等，婚尚自由”的愿望终能落到实处。

（明纯）

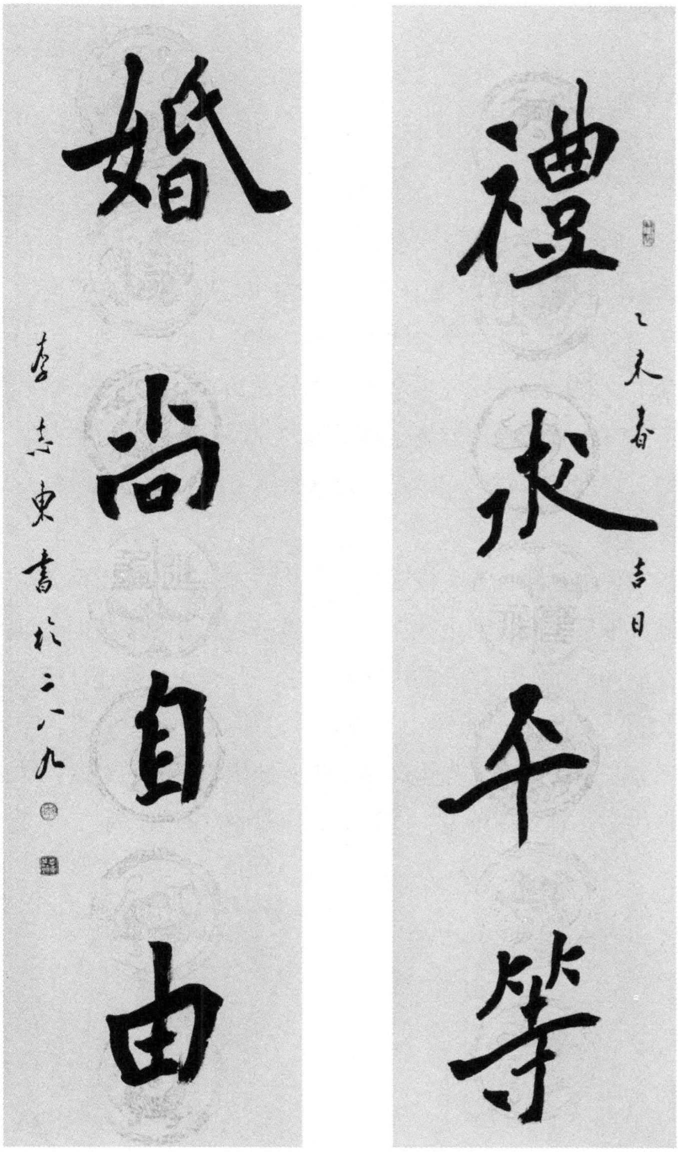

李志东　书

联文

海面水平等
空中风自由

出处

当代·南方题大海联

读联随笔

这是著名楹联家、大连楹联学会创始人、“联坛十杰”之一南方先生的一副对联。南方，字延鹏，号东海闲人，满族叶赫那拉氏后裔。大连市楹联学会创始人，1994年被中国楹联学会授予全国“联坛十杰”称号，2004年被中国楹联学会授予“弘扬楹联文化先进个人”称号，2007年被辽宁省楹联学会授予“十老楹联艺术家”称号。南方先生也是国内环保、能源界著名专家，是为数不多的进入地方环保志人物之一，是首批获得国务院特殊津贴（终身）的有突出贡献专家。

有人称南方先生是科技界、楹联界的“两栖才子”，他自谓“两栖虫”。那年，南方陪外地环保局长考查大连自然环境，走到金州区境内某地，南方对客人说：“这河叫清水河，远处的山叫野鸡山。”客人赞大连环境保护得好，南方随口吟出回文对联：“野鸡山上山鸡野，清水河中河水清。”客人连称妙！第二天考察长海时，南方先生又触景生情地撰写大海的对联：“海面水平等，空中风自由。”客人评价说：“科学家写对联富有哲理。”

（明纯）

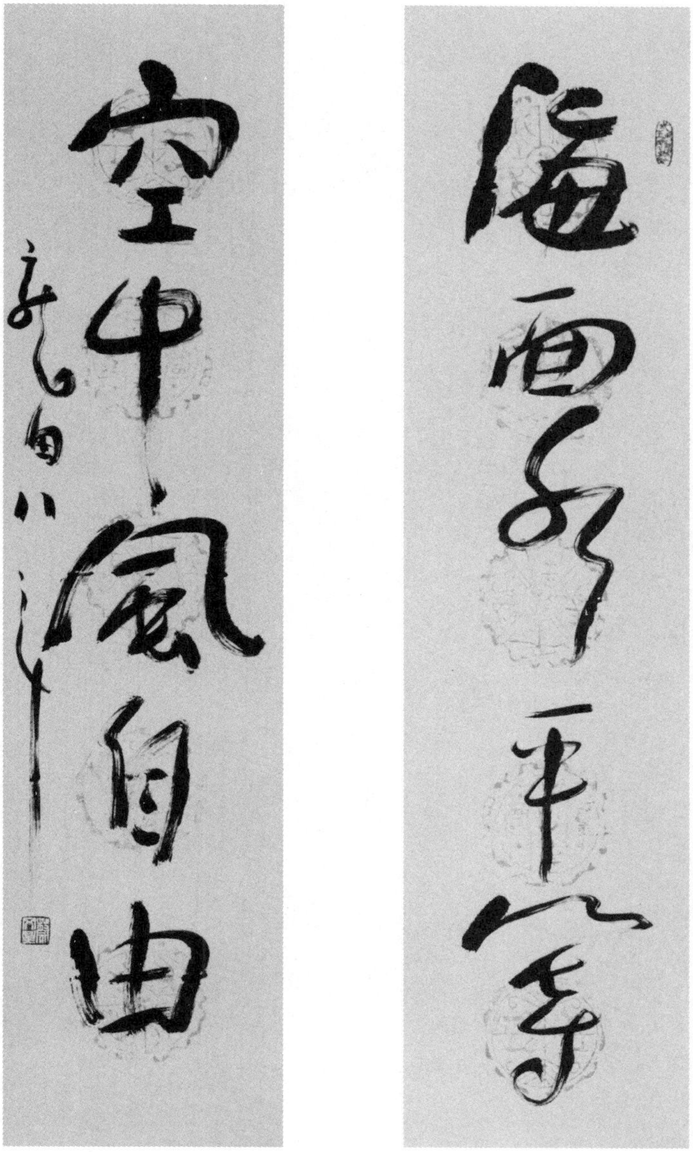

蔡文星 书

平等

平　等

生活在我们伟大祖国和伟大时代的中国人民，共同享有人生出彩的机会，共同享有梦想成真的机会，共同享有同祖国和时代一起成长与进步的机会。

——习近平在第十二届全国人民代表大会第一次会议上的讲话

联文

天留余地开新运
人以无私致大同

出处

当代·于右任赠人联

读联随笔

“天留余地开新运，人以无私致大同”，这是于右任赠康克明的一副对联。据称，康氏在新中国成立前曾任国立三中教导主任，社会地位不高，能得此联，可见作者书道深入民间之一斑。此联立意高迥，不同凡响，有志成就一番事业者，当以座右铭看。作者的馈赠联言浅意深，富有哲理，此为其中之最。

于右任，原名伯循，字诱人，后以“诱人”谐音“右任”为名，别署骚心、髯翁，晚年号太平老人，陕西省三原县人，祖籍泾阳。1906年8月在日本追随孙中山时加入中国同盟会。中国国民党元老，中国当代著名教育家、诗人、书法家。

于右任嗜爱碑铭金石，所见古刻名碑，竭力保护，即使戎马倥偬也不例外。擅长书法，得力于《郑羲碑》《石门铭》，精于笔法而以稚拙简漫出之。善草书，从碑入草，尤于唐代怀素的小草千字文用功甚勤，造诣甚深。用心布白，于宽博潇洒中别具神韵。

（明纯）

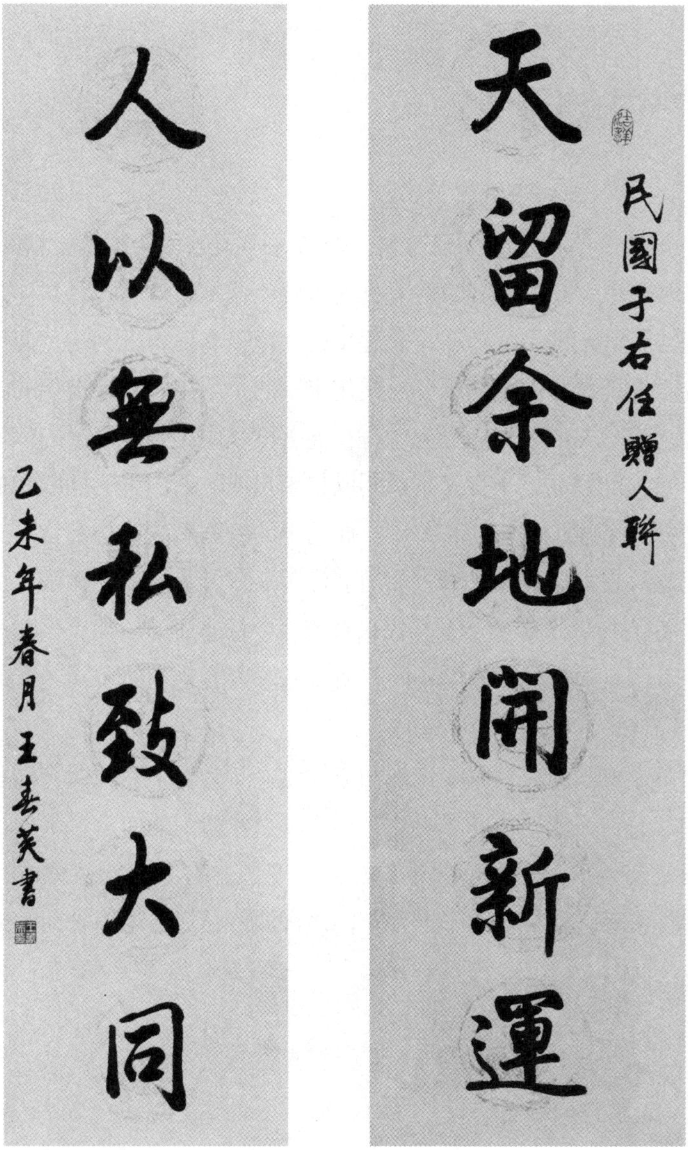

王春芙　书

联文

人无法律休平等
我有聪明不十分

出处

民国·陶镛题公判庭联

读联随笔

这是民国诸暨公判厅的一副对联，选自《中国衙署会馆楹联精选》。衙署楹联是中华楹联文化和封建皇权文化的重要组成部分。官衙是封建政治的产物，它又是古代政治的一面镜子。封建皇权文化虽有值得批判的负面性，然而这种文化的根源仍是深深植根于儒家文化丰厚的土壤中。儒家提倡的“修齐治平”学说和忠孝仁义的积极用世思想，在衙署楹联中得到了充分的体现。

衙署中悬挂的楹联，不少是官员用以自警自戒。衙门里的楹联和戒铭对官吏的品行道德做了规定、标榜和宣示。衙门里的楹联和戒铭与贪官污吏的种种丑行形成巨大反差，反映了一种“衙门文化”。官员是否恪守官箴，恪守的程度如何，是吏治与世风好坏乃至朝代兴衰的主要标志之一。衙署楹联多有施政演说的味道，因官员的处世态度不同，所撰楹联内容也迥然不同，有装点门面的，有沽名钓誉的，也有警世言志的。

清代吴恭亨说：“衙署联能作规劝道德语，却为正宗。”衙署楹联有申明施政宗旨的，有告诫僚属尽职尽责的，有奖励百姓耕织的，有官员省视自身功过的，有阐述官与民、荣与辱关系的。其中有些含有丰富的哲理性，如这副“人无法律休平等，我有聪明不十分”，语言通俗易懂，虽简朴而含义深远。

（明纯）

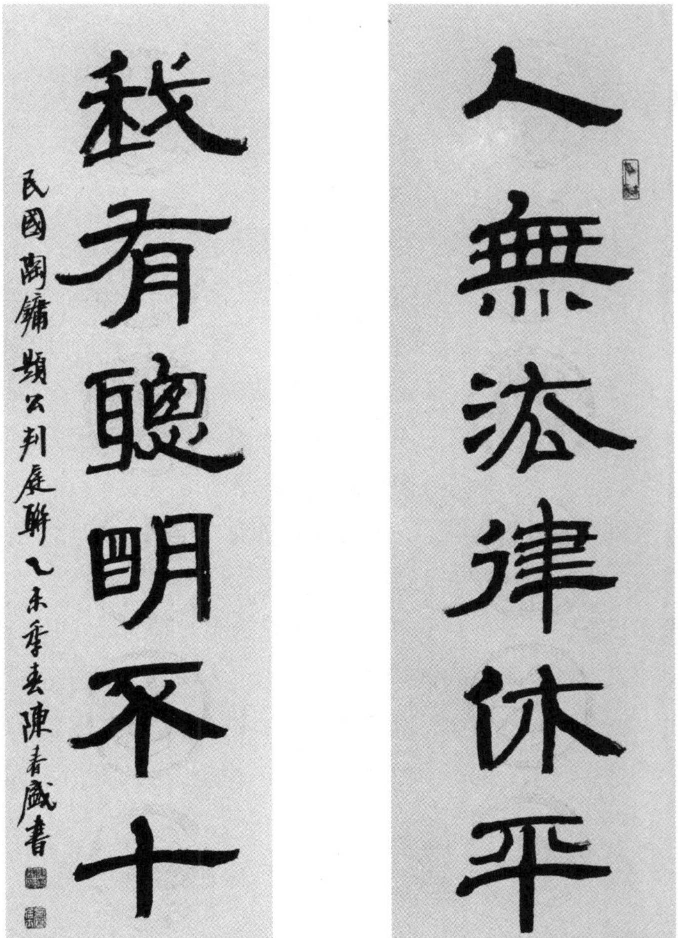

陈春盛　书

联文

为人必本修齐事
应世须存平等心

出处

清·顾翰集《争座位帖》联

读联随笔

存平等心、本修齐事，历来是中国知识分子的追求。小沈阳说，人这一辈子其实很简单。当然，他所关注的是闭眼和睁眼，所以一辈子就简化为闭和睁这两个动作了。不过，人既为万物之灵，是有思想的，是有自己的追求和快乐，也有自己的苦恼和无奈的。人这一辈子不简单，事多着呢。在概括人生这一块，儒家先贤真厉害，就是“修身、齐家、治国、平天下”，一个阶段一个阶段来，做好了这个阶段再做下一阶段的事；这个阶段没做好，下一阶段不要急。而对于绝大部分的中国人而言，能做好“修身”和“齐家”这两件事就很不简单了。

将平凡的事做好，就是一种不平凡。这就是这副对联的真诚提醒和警示。不少人不甘于平凡，却连平凡的事都没做好。似水流年，让我们先将寻常至极却千差万别的“修身”和“齐家”做好吧。“存平等心，行方便事，则天下无事；怀慈悲心，做慈悲事，则心中太平。”倘若都能如此，就是最好的了。

（明纯）

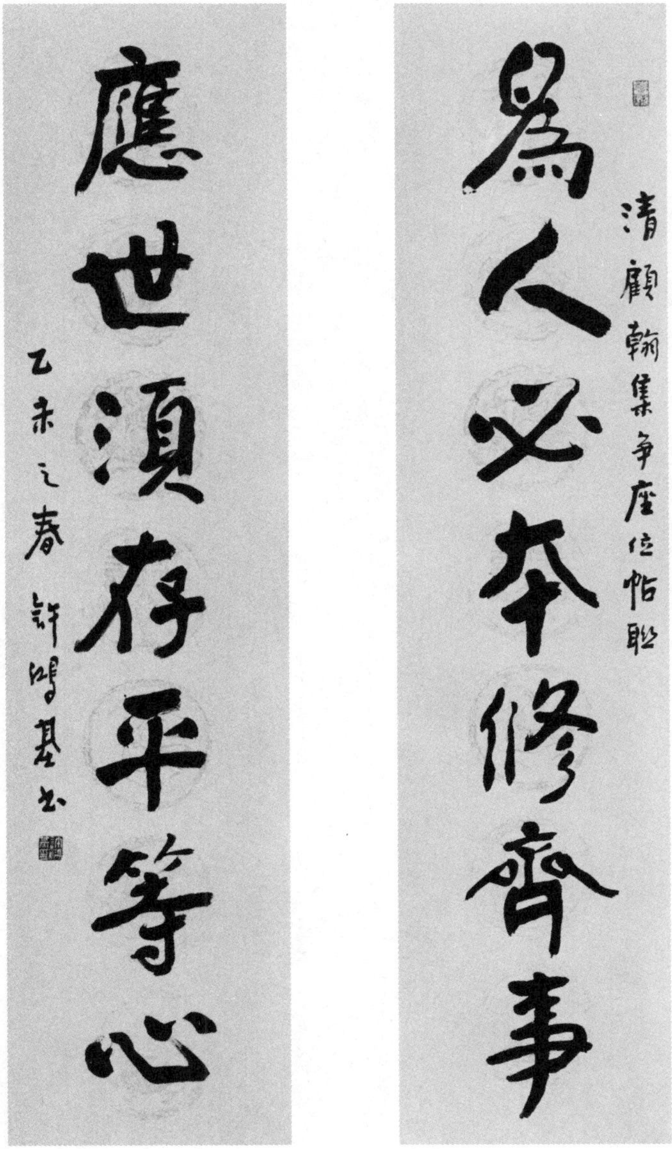

许鸿基 书

公正

公　正

任何组织或者个人都不得有超越宪法和法律的特权，绝不允许以言代法、以权压法、徇私枉法。

——胡锦涛在中国共产党第十八次全国代表大会上的报告

联文

义则居先，利则居后
敬其所长，恕其所短

出处

陶行知题安徽公学联

读联随笔

这副对联选自《陶行知全集》第七卷“对联”部分，是陶行知先生为安徽公学题写的对联。

陶行知先生的教育活动是在当时民族危亡、国难当头的社会环境中进行的，因此他的教育实践总是与民主爱国的活动相伴而行的。早年他曾投身于辛亥革命，“九一八”事变、“一·二八”事变后积极从事抗日救亡运动，参与发起上海文化界救国会，组织国难教育社等。他最早注意到乡村教育问题，先后创办晓庄学校、生活教育社、山海工学团、育才学校和社会大学。陶先生一生办过多种类型的学校，这些学校为社会培育了大批有用人才，还输送了不少革命青年到延安和大别山抗日根据地参加革命。

陶先生积极提倡教育与实际结合，提出了“生活即教育”“社会即学校”“教学做合一”三大主张。这副对联倡导的先义后利、扬长避短，可谓先生教学理念的真实体现，劝诫意味深远。

近代中国的危机多难，使“教育救国”成为许多知识分子的梦想，陶行知正是其中最为杰出的人物之一。他以“捧着一颗心来，不带半根草去”的赤子之忱，为中国教育探寻新路；又以“甘当骆驼”的精神努力践行平民教育，其精神为人所同钦，为世所共仰。

（明纯）

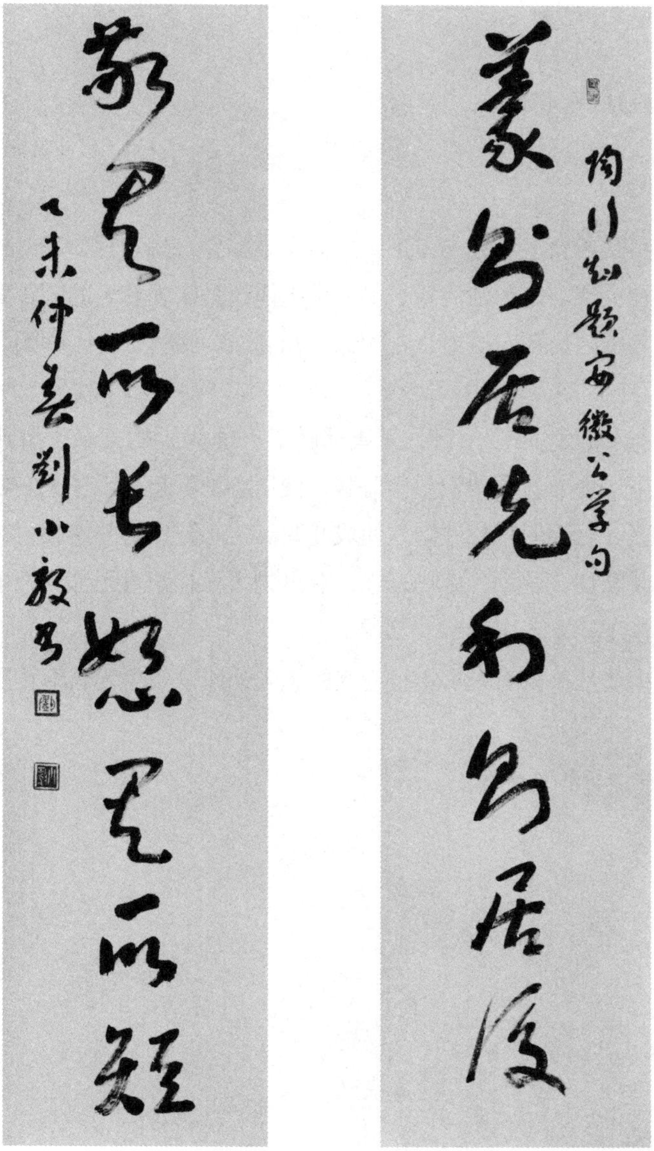

刘小毅 书

联文

但取心中正
无愁眼下迟

出处

宋·王禹偁幼时咏磨联

读联随笔

作为宋代诗文革新运动的先驱，王禹偁文学韩愈、柳宗元，诗崇杜甫、白居易，多反映社会现实，风格清新平易。王禹偁还是宋朝有名的刚正廉臣，素以敢直言进谏著称，历任右拾遗、左司谏、知制诰、翰林学士，却因敢于直言讽谏屡受贬谪。

此联写于他年幼之时。一日，王禹偁随靠磨面为生的父亲去济州府送面粉，正遇州从事毕士安教子弟们习作对联，便用心地听起来。毕士安要他以磨面的磨为题撰联。王禹偁稍想片刻，便成此联。“心”指磨的中轴，“眼”指投物的磨眼，此联切合题意，借物言志，兼寓为人只求正直无邪，做事唯望来日方长的深刻哲理。

正因为王禹偁从小就有只求正直为人的志向，所以一生为官清正刚烈，被后人传为佳话。

（明纯）

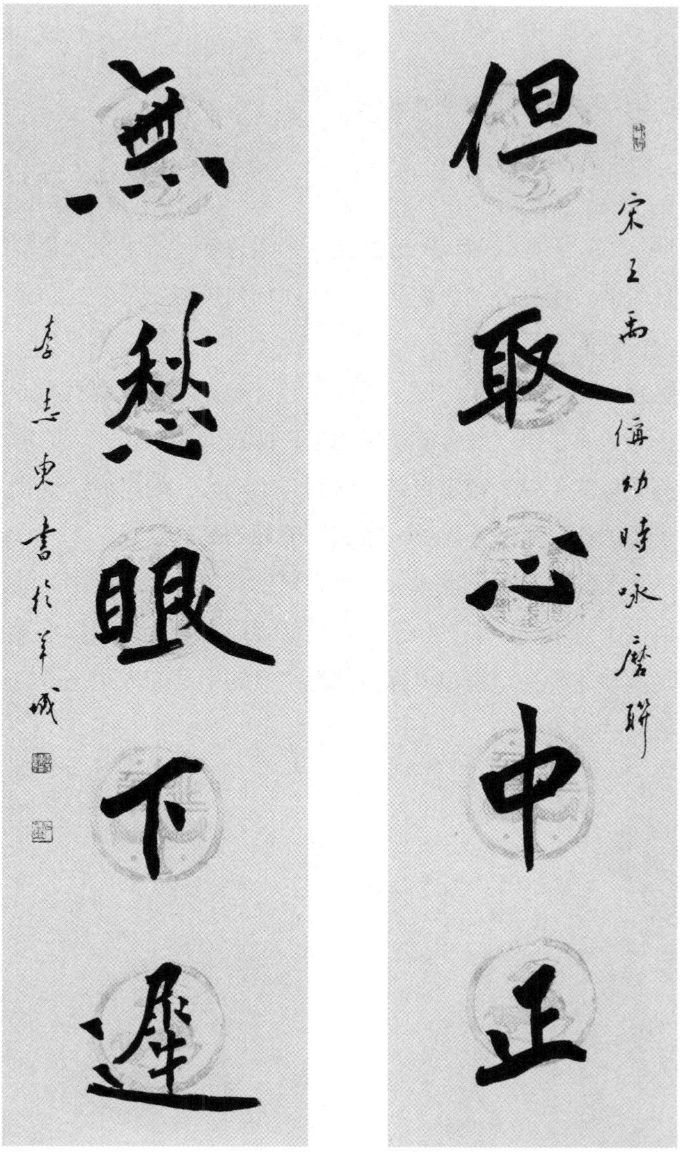

李志东　书

联文

一点浩然气
千里快哉风

出处

宋·苏轼《水调歌头·快哉亭作》词

读联随笔

“一点浩然气，千里快哉风”，意指一个人只要具备了至大至刚的浩然之气，就能超凡脱俗、刚直不阿、坦然自适，在任何境遇中都能处之泰然，享受使人感到无穷快意的千里雄风。

所谓浩然之气，就是刚正之气、人间正气，是大义大德造就的一身正气。孟子认为，一个人有了浩气长存的精神力量，面对外界一切巨大的诱惑也好，威胁也好，都能处变不惊、镇定自若，达到“不动心”的境界。这也是孟子曾经说过的富贵不能淫、贫贱不能移、威武不能屈的高尚情操。

这一豪气干云的联文昭示世人：一个人只要具备了至大至刚的浩然之气，就能超凡脱俗、刚直不阿、坦然自适，在任何境遇中处之泰然，享受无穷快意的千里雄风。苏轼这种在逆境中仍保持浩然之气的坦荡的人生态度，就是在今天也具有积极的社会意义。

（明纯）

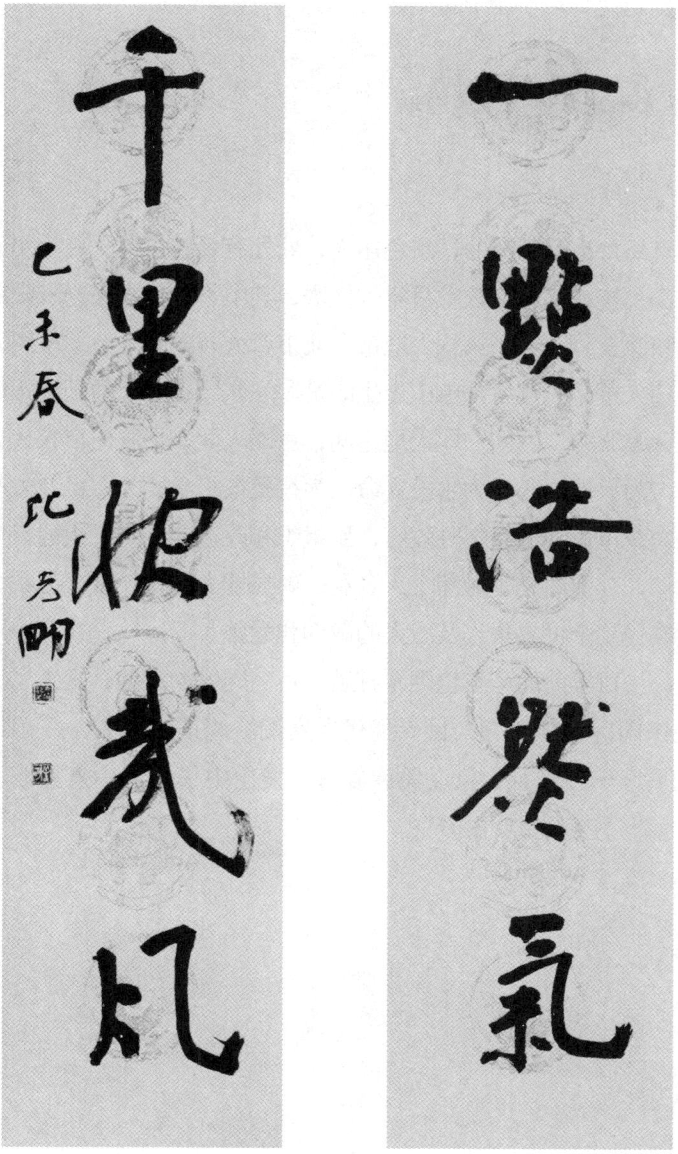

纪光明 书

联文

于两间留正气
为万世开太平

出处

当代·梁寒操题翠亨阁半集句联

读联随笔

祖国的宝岛台湾风光旖丽，景色迷人，处处有名胜古迹。更为引人的是很多名胜古迹都悬挂或铭刻有数十百年的楹联，其中不乏隽永深刻、幽默风趣之作，读来意味深长。在台湾第一大城市台北市新公园内有一座翠亨阁，其楹联就是对中国伟大革命先行者孙中山先生的赞颂，联曰："于两间留正气，为万世开太平。"上联的"两间"即天地之间，意即人间，下联出自宋代大思想家张载所说的"为天地立心，为生民立命，为往圣继绝学，为万世开太平"。

从领导辛亥革命、建立临时政府，到组织和改造国民党、组建黄埔军校、实施国共合作，孙中山先生抛却个人名利，彰显博大胸怀；大公无私，鞠躬尽瘁，品德情操受到全世界华人及后人的敬仰和爱戴。

如果说，一百年前的辛亥枪声，打破了古老国度的沉静，带来了天翻地覆的巨变，使中国巨轮加速融入世界现代发展潮流的话，那么，一百年后的今天，让我们赓续辛亥精神，推动民族复兴，发出中华强音，来见证、来共圆一百多年来生生不息的"中国梦"。

（明纯）

王春芙　书

联文

天地升沉留正气
春秋褒贬识前贤

出处

当代·释定持《读史》诗

读联随笔

释定持法师的《读史》全诗为："好结苍生文字缘，琴心剑胆透科研。怜儿甘作囊中马，信笔犹书方外篇。天地升沉留正气，春秋褒贬识前贤。从来治史忠于史，借鉴毋忘司马迁。"

释定持法师，俗姓陈，名金藏，广东省南澳县人。1922年出生于广东省南澳岛澳前乡盐埕尾渔家，是岛上唯一武进士、清代乾隆年间陈定举之后裔。

定持法师才华卓越，善于讲经，化度无数，他擅诗词书法，有诗集《行脚吟》行世，在海内外享有盛誉。因诗、联、书造诣高超，定持法师也应请为好多寺、庵、庙、堂、风景区撰书佳联、妙诗。

"天地升沉留正气，春秋褒贬识前贤"一联是对春秋笔法的赞誉。孔子当年编撰史书《春秋》，于一字一句寓褒贬论断，全以公道人心为凭，不偏不倚，如此后人方得以识贤愚、辨忠奸，也才能够为千载浩然正气所激荡。

（明纯）

黄峨 书

联文

犹留正气参天地
永剩丹心照古今

出处

佚名题文天祥祠联

读联随笔

此联是后人赞颂南宋抗元英雄文天祥的。化用的典故，一是“犹留正气参天地”，典出文天祥《正气歌》的“天地有正气”；二是“永剩丹心照古今”，典出文天祥《过零丁洋》中“人生自古谁无死，留取丹心照汗青”名句。

文天祥，江西吉州庐陵人，宋末政治家、文学家，爱国诗人，抗元名臣，与陆秀夫、张世杰并称为“宋末三杰”。祥兴元年（1278年）于五坡岭兵败被元军所俘，宁死不降。次年正月，被元军押送经珠江口零丁洋时，写下《过零丁洋》一诗，以“人生自古谁无死，留取丹心照汗青”明宁死不屈之志。至元十六年（1279年），文天祥被押抵大都。前宋丞相留梦炎、受元朝封为瀛国公的宋恭帝，先后向他劝降，都被拒绝。他在狱中写下千古传颂的《正气歌》，历数各代不畏强权、不怕牺牲的人物，以明自己准备随时为国捐躯的决心。至元十九年（1282年），在柴市从容就义。

在2015年全国两会的分组讨论中，二月河曾就做官的境界有段妙论：做官的最高层次，是把自己的职务官衔和人民、国家、社稷、民族的利益联系在一起。譬如文天祥，他的《指南录》有句“臣心一片磁针石，不指南方誓不休”。这类人把人生所有精力都融化在人民利益中，这就是最高的境界。

（明纯）

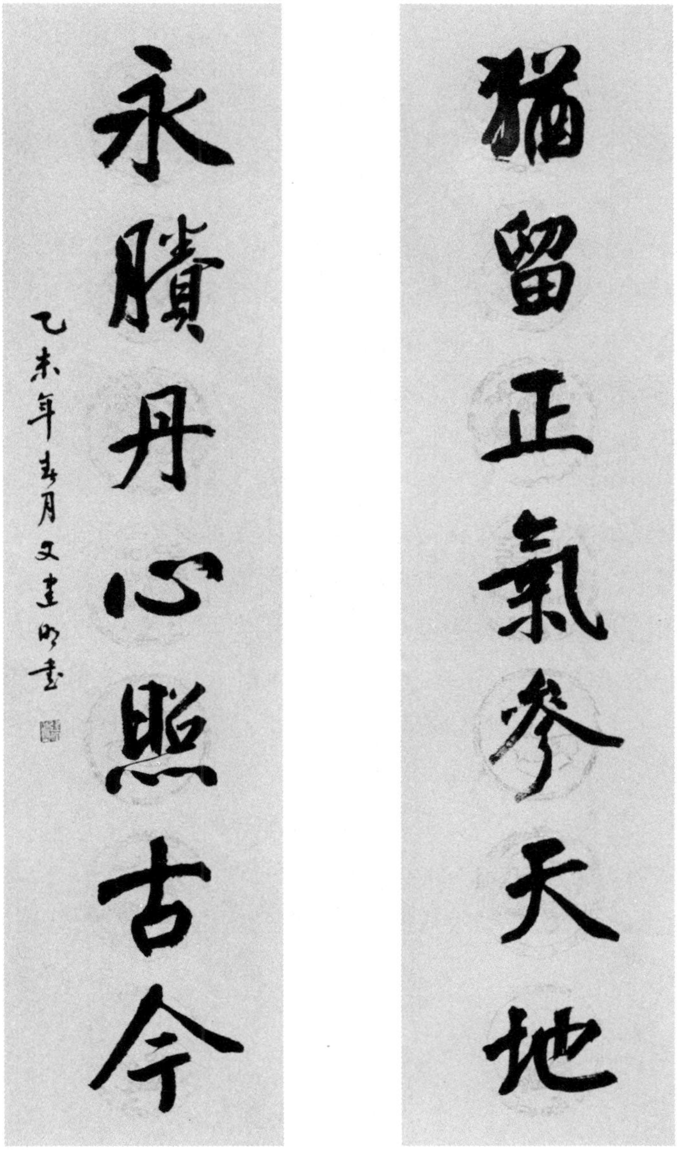

文建明 书

联文

万事不如公论久
诸贤莫与众心违

出处

宋·陆游《送芮国器司业》诗二首之二

读联随笔

陆游的《送芮国器司业》诗二首之二全文为："往岁淮边虏未归，诸生合疏论危机。人材衰靡方当虑，士气峥嵘未可非。万事不如公论久，诸贤莫与众心违。还朝此段宜先及，岂独遗经赖发挥。"对"公论"与"众心"的重视，体现了陆游这个伟大的爱国诗人对群众舆论、多数舆论的重视。

自秦汉以降，宋代在内政上是历代王朝最开明的朝代，是最尊重士大夫的朝代，士人无论在朝在野都较具参与政治的热情，也较能表现出尊重众意的精神。如宋、金议和时，金国条件苛刻，朝廷上下反对和议的声浪甚高。据《建炎以来系年要录》卷一二四载，当时吏部侍郎晏敦复、兵部侍郎张焘等联名上疏："今日屈己之事，陛下以为可，士大夫不以为可，民庶不以为可，军士不以为可，如是而求成，臣等窃惑之。"这显然有《孟子》"左右皆曰不可""诸大夫皆曰不可""国人皆曰不可"的意味，是借多数民意向宋高宗和秦桧施压。

所谓"公论"和"众心"，无非是强调多数舆论的重要。可是，尽管宋代仍有一点多数舆论精神的残余，但那个时代的多数，早已成了"沉默的大多数"，终究是无从约束那些掌握权柄的少数的。民主的实现，最终还是要靠国家制度来保障。

（明纯）

林敏玲　书

联文

若无正气休从政
不是廉官莫说莲

出处

当代·吴勇联

读联随笔

这是湘潭市楹联家协会举办的“纪念毛泽东诞辰120周年　湘潭天易杯‘咏莲倡廉’全国征联大赛”获奖联，作者吴勇，安徽安庆人。

湘潭因盛产湘莲而被誉为“莲城”，是一块高雅、文明、廉洁的圣地。而楹联文化乃是湖湘文化中的瑰宝和精髓，历代联家辈出。咏莲倡廉，写联颂廉。深入推进反腐倡廉建设，颂咏莲之“出淤泥而不染，濯清涟而不妖，中通外直，不蔓不枝，香远益清，亭亭净植”的高洁品质，在全社会倡导崇廉尚洁氛围，是这次征联活动的主旨，也是其受到全国各地楹联爱好者热烈呼应的原因所在。

一幅立意精湛的廉政楹联作品，能为干部群众的心灵带来一次次廉政文化的洗礼。“若无正气休从政，不是廉官莫说莲”对仗工整，主题突出，紧扣“莲”“廉”这两个关键词，语言简朴而立意高远，大力弘扬了廉洁从政、乐于奉献的精神，积极倡导廉荣贪耻的社会风尚，为伟人故里、和谐“莲城”吹来一股廉政清风。

（明纯）

陈春盛　书

联文

青天似明镜，一尘不染
赤子念清官，万古永尊

出处

当代·白启寰题包公忠廉堂联

读联随笔

联文以“青天”“明镜”借喻清官廉吏包拯，表达了民间对包拯乃至对清官的赞颂和褒扬。

自封建社会迄今，民间对好官的称呼，皆为清官。尽管受到所在社会制度的制约，但“清官”对底层百姓而言，其积极的社会作用依然是相当明显的：一是正气，他们在民族分裂、国破家亡之际，在抗击外辱、捍卫主权、维护统一等方面做出了贡献，客观上维护了民族尊严，体现了中华民族的浩然正气；二是勤政，为了维护国家机器的正常运转，他们勤于政务，日夜操劳，或审时度势，顾全大局；三是执法，清官作为地主阶级中维护法定权力以及伦理朝纲的忠实代表，客观上对于政权的稳定和法律的表面持平以及民心之维系，起到了不容忽视的作用；四是律己，作为封建社会统治阶级官僚队伍中的楷模，他们大多自身品行端正，志向高远，严于律己，宽以待人。

譬如包拯，民间口口相传的“包青天”，耳熟能详的“铡美案”“陈州放粮”能成为千古美谈，恰是包拯执法严明、廉洁自律的明证。

（明纯）

许固令 书

联文

为人尚正直
处事贵公平

出处

佚名撰联

读联随笔

此联因其简朴平实而立意高远，多被《古今贤文》《新五字经》等儿童启蒙读物收编，也常被用作自勉励志的居室联。“为人尚正直，处事贵公平”这类寓意深长的俗语佳句，是炎黄子孙世世代代处世智慧的结晶，也是中华民族优良传统的文化精髓。

“为人尚正直”，倡导的是为人正直如山；“处事贵公平”，讲求的是做事公道诚信。为人正则“品”端，直则“人”立。正直，乃公正坦率也。它是人生的脊梁，是立世的风骨，体现着智慧与境界。正直的人，堂堂正正做人，清清白白做事；义无反顾，对的果敢坚持，错的果敢反对。这样，洁身自好，冰清玉洁，就是说服力和感召力；这样，腰杆硬，底气足，就是战斗力。倡导正直品质，支持公平正义，就需要我们摆正心态，高标准要求自己，无论说话做事，都得心怀道义，牢记责任，树立明确的是非观和价值观。对己，不以公谋私，不贪利不饰非；对人，不阳奉阴违；对事，主持公道，维护正义。总之，要堂堂正正、清清白白地为人做事。

（明纯）

钱海源 书

联文

一点公心平似水
十分生意稳如山

出处

佚名题商业联

读联随笔

这是一副常用的商业联、生意联。联文通俗易懂，点出了“公平乃经商之本”的要义。

公心，就是公平、公正之心。要想成为一个成功的商人，必须先做一个有公心、讲诚信的人。红顶商人胡雪岩、华人首富李嘉诚都说过，他们经商成功很大程度上得益于“公平”这一秘诀。太平天国运动时期，胡雪岩的钱庄收存了一位军官的银子，当这位军官打仗重伤弥留之际，委托一位老乡帮他到钱庄取回所存银两，带回四川老家还债。这位老乡来到胡雪岩的钱庄取钱，但他拿不出任何凭证。胡雪岩了解了实际情形后，将本金和利息都悉数交给那位老乡。胡雪岩公平待客的故事不胫而走，来他银号存钱的人越来越多，他的生意当然也越做越好。

如今，某些商人真是“伤人”，为了一己私利，不顾公平原则，不择手段搞不正当竞争，污染社会空气。更让人不能容忍的是，某些商人搞假冒伪劣，甚至在食品中掺有毒有害物质危害人民身心健康，这已经不是商业公平的问题了，根本就是犯罪行为。

公心平似水，明分利与理。每个人为了生存于社会都会有为自身利益着想之心，这是生存所需；但每个人又是生活于社会大家庭中的，必须有为公众利益着想之心，这也是推动社会发展的基础。

（明纯）

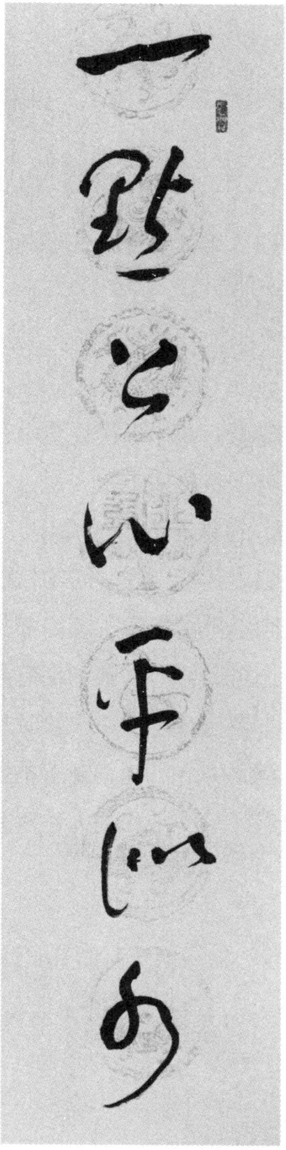

陈腾书

联文

心境持平，静观远近高低浪
脚跟站稳，何惧东西南北风

出处

当代·李自强题昆明海埂公园石舫联

读联随笔

一副对联，寥寥数语，却深刻地道出了人生对事对物、对名对利应有的态度。

心境持平了，自然能冷静旁观远近高低的惊涛骇浪；自己站稳了脚跟，哪里会害怕四面八方的狂风暴雨？！

寄居于瞬息万变的当代社会中，我们不可避免碰到各种各样尘世琐事、磕磕碰碰。前英国首相梅杰曾经说过：人生何其大，岂容琐事缠。的确，人的生命是有限的，在这有限的生命中，如果精力过多地花费在那些平常的琐事上面，必然会阻碍我们自我身心的发展。那么亲爱的朋友，就请您保持一颗平常心吧。我们固然不可能像佛家高僧那样进入一种无我、心外无物的高超境界，但我们至少还可以努力去做到临危不惧、临辱不惊、不以物喜、不以己悲吧？成功时我们不要得意忘形，失败时也不要灰心气馁，以一颗平常心坦然处之。

得之不喜，失之不忧，宠辱不惊，去留无意，这样才能心境平和，公正无私，淡泊自然，享受平和的人生幸福。

（明纯）

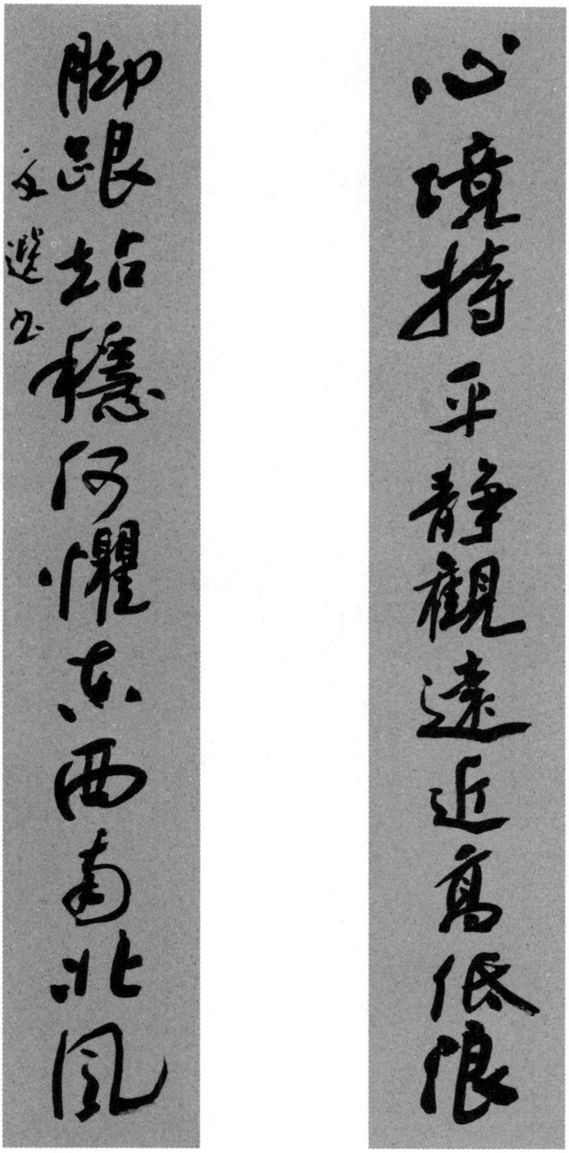

谭文选 书

法治

法 治

法治是治国理政的基本方式。

——胡锦涛在中国共产党第十八次全国代表大会上的报告

联文

执法重如山，不论亲疏贫富
察情明似镜，分清曲直是非

出处

当代·俞萍法制联

读联随笔

“执法重如山”，出自成语执法如山。唐中宗时的太平公主权势炽盛，一次看中了雍州一寺院里的一盘水磨，便要据为己有。寺院和尚告到雍州司户李元纮那里。司户是比七品芝麻官还要小的小吏。但李元纮不畏权势，公正刚直，查明案情后随即将水磨判归寺院和尚。李元纮的顶头上司、一向趋附权贵的雍州刺史窦怀贞命令李元纮将水磨改判给太平公主。李元纮对这种恃强凌弱、媚上欺下的行径无比愤慨，二话不说，当即挥笔在原判决书的空白之处书写“南山可移，此判无动”八个大字，坚决维持了原判。后世便演变成“执法如山”。后句的“不论亲疏贫富”，正合执法如山的本义，整句浑若天成。

“察情明似镜”，出自明察秋毫、明镜高悬，通过重组排列，与上联对仗工整，天衣无缝。古代官府衙门的大堂上高挂明镜般的牌匾，以示官员判案公正廉明，执法严明，判案公正，办事公正无私。后句的“分清曲直是非”，也正合前句的释义。

整副对联用后句解说前句，对得如此工整，也是难得。

（陈斌）

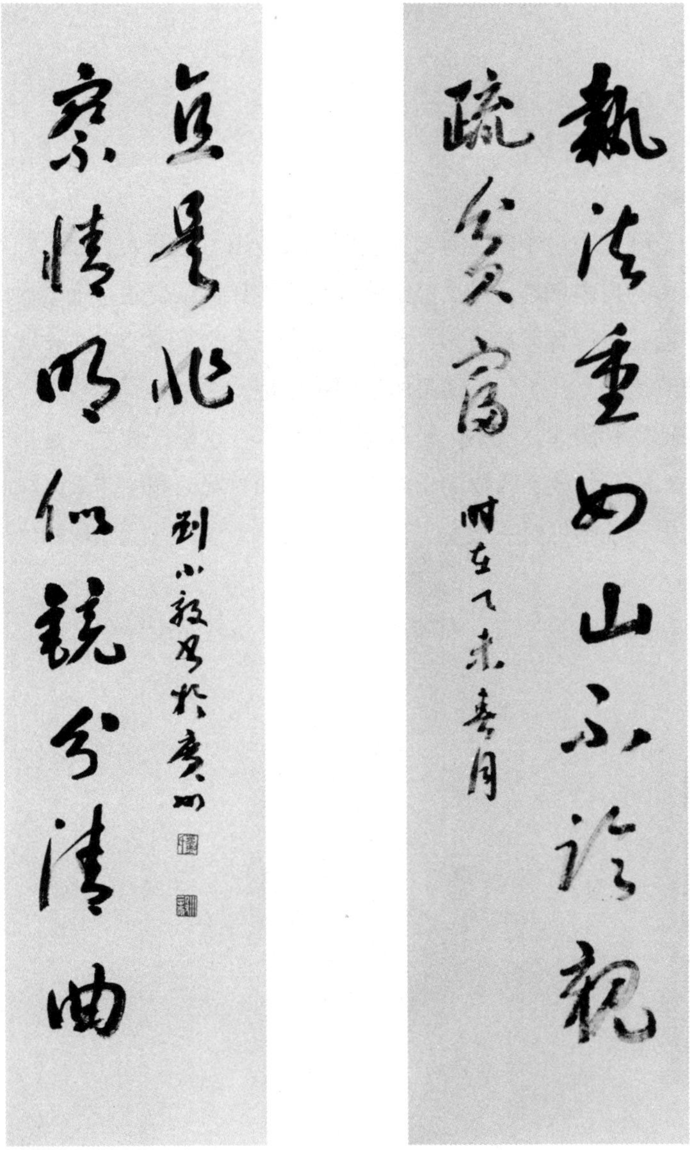

刘小毅 书

联文

人类自由，自由莫把范围越
机关独立，独立方知法律尊

出处

民国·佚名题司法部联

读联随笔

自由与范围是一对矛盾，自由便是要突破范围。然而人类社会中不可能出现绝对的自由，自由总是受制于范围的束缚。例如道路交通，个个自由，这道路也就行不通；只有各行其道，各自都有各自行走的范围，道路才行得通。这是不言而喻的道理。孔子曰：随心所欲而不逾矩。

下联的独立和法律，就不是矛盾对立体了。在这里，独立，是指司法部能够司法独立，不受行政、政治的干涉与干预。独立要依靠法律来保障。只有司法独立（这里句子中为机关独立），摆脱政治的干预，方能显现和体现法律的尊严。

这副对联撰于民国时期，放在今天，仍然具备现实指导意义。

（陈斌）

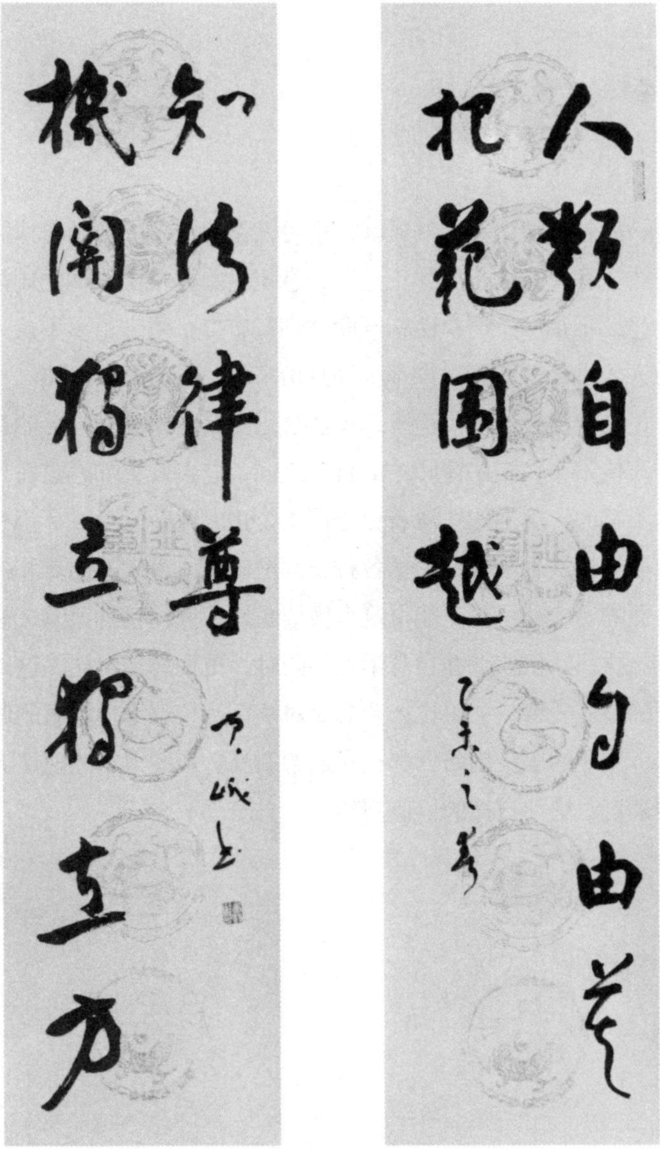

黄峨 书

联文

律令无私，官欲正民先正己
刑章有度，法唯论事不论人

出处

当代·廖宏志法制联

读联随笔

这可以是一副针对执法者的劝诫联，也可以是执法者的自勉自律联。

上联“律令无私，官欲正民先正己”，意思是手握执法权柄的司法人员更要严格要求自己，不徇私，严执法；下联“刑章有度，法唯论事不论人”，意思是法律面前人人平等，不管对谁都不问身份来历，只讲是非对错。

公平、公正是全社会的价值追求，司法公正更是构建和谐社会的基石。中国的清官信仰流传千年，在法律和“清官”之间，老百姓更加看重后者。光有公正的法律是不够的，廉洁的执法者更是司法公正的保障。

对于新时期的执法者来说，除了各种新问题出现所带来的困难和挑战，还有来自各方各面的诱惑和考验。能否筑牢廉洁防线，守住精神家园，是司法为民的关键所在。执法队伍在加强自身学习的同时，更要廉洁自律，这是职业素质和社会道德的具体表现。如果说社会公众对法官、警察等执法者的佩服更多来自对其知识、专业的事实判断，那么对道德高尚、风清气正的执法者表示敬仰，则更多地来自对廉洁自律的价值判断。

（明纯）

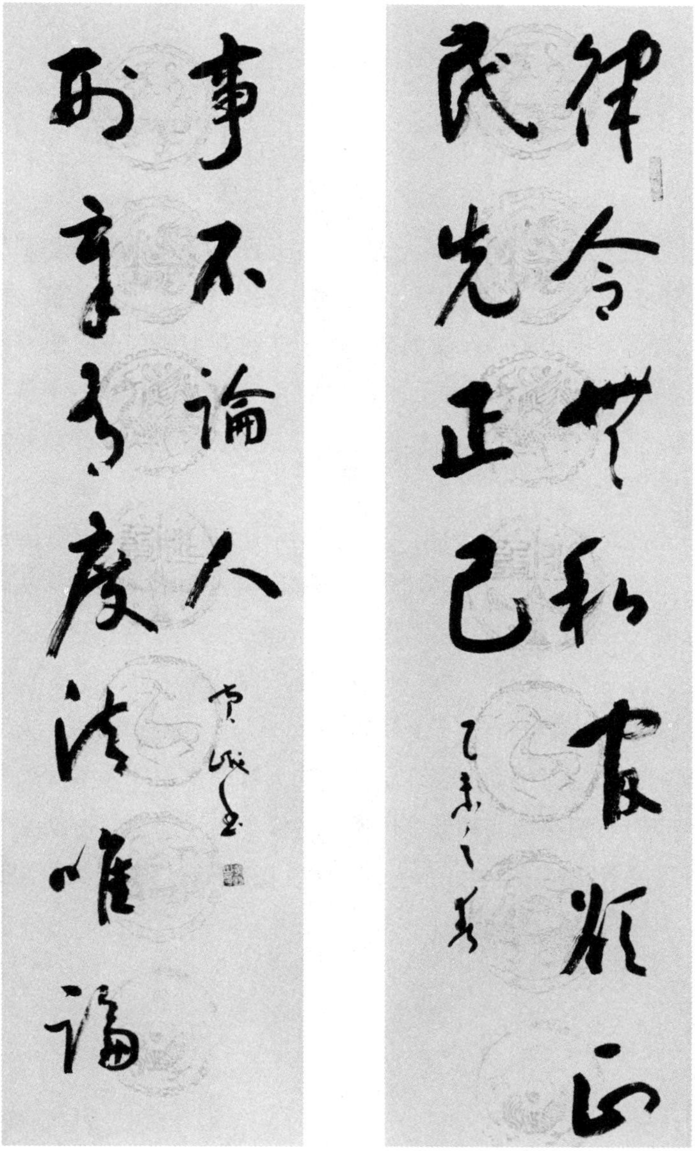

黄峨 书

联文

法规有度天心顺
官吏无私民意安

出处

李仁瑞题典史衙联

读联随笔

在中国封建社会，法制不健全，缺乏对官员长期有效的监督与制约。巩固一方统治，维护一方平安，靠的是封建礼教中的忠孝、仁爱、智信、礼义、廉耻等等。先贤早就提出了“以政为德”的思想，并把修身正己作为齐家、治国、平天下的前提，强调“其身正，不令而行；其身不正，虽令不从”。正因为有了这些自律、自励的信条，才培育出了一批批公忠为国、勤政爱民、清正廉洁的好官员。

始建于元朝大德八年（1304年）的河南南阳市内乡县衙，是我国唯一保存最完好的县衙，衙内随处可见的楹联，体现的也是这种朴素的为官从政思想，如“欺人如欺天，毋自欺也；负民即负国，何忍负之”“宽一分，民多受一分赐；取一文，官不值一文钱”“与百姓有缘，才来此地；期寸心无愧，不鄙斯民”“法规有度天心顺，官吏无私民意安”“报国当存清政志，为民可效廉明臣”等等，都深刻而生动地表现出他们的为官理念和与人民群众的鱼水关系，在今天也有其现实意义和借鉴价值。各级党员干部更应该以民为本，自省、自悟、自律、自查、自纠，率先传承和发扬古代先贤们优秀的官德精神。

（刘婉萍）

林敏玲 书

联文

正人先正己
循法不循情

出处

当代·孙开翼撰联

读联随笔

启功先生有副对联："行文简浅显，做事诚平恒"。"正人先正己"，道理简单、浅显，但做起来却不容易。榜样就是力量。只会正人不先正己，事倍功半，甚至毫无收获。

"循法不循情"，是指遵循法律，而不应该遵循感情、情绪、情谊。《包公铡侄》讲述的，就是典型的案例。

五四运动中，情绪激昂的北大学生火烧了赵家楼。梁漱溟的处理之道是：政府必须对北大学生中的纵火者提起公诉，然后在法庭上进行特赦。无公诉，不足以维持法治之尊严；无特赦，不能体恤学生们的爱国热情。这也体现出法与情的分明。

（陈斌）

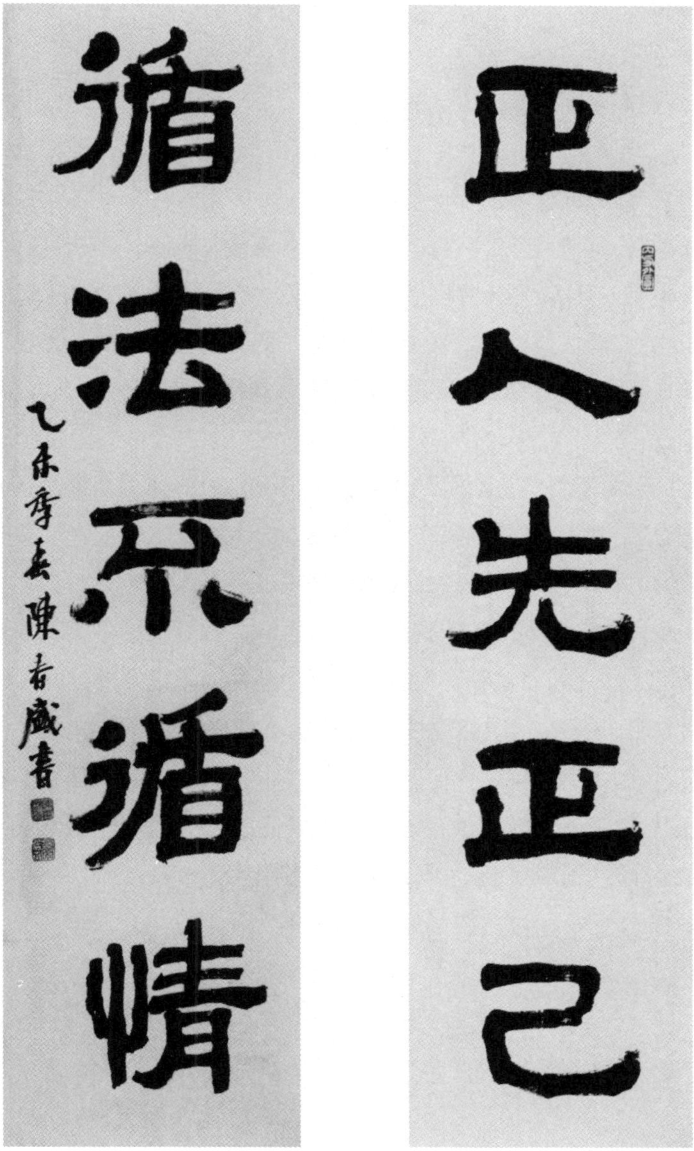

陈春盛 书

联文

到此地当知国法
入我门莫昧天良

出处

清·魏燕超题县衙门联

读联随笔

此联意在告诫百姓要知法守法，为人做事要诚实忠厚，不昧良心。

据资料记载，国家二级博物馆、全国重点文物保护单位的河南省南阳市“南阳府衙博物馆”，其大堂前的对联正是“到此地当知国法，入我门莫昧良心”。大堂是知府开读诏书、接见官吏、举行重要仪式的地方，以此为联，劝诫意味十足。

十八大报告明确将“法治”纳入社会主义核心价值体系。这是1997年中央提出“依法治国”后，党和国家在法治建设理念上的重大转变：法律有其自身的内在正义价值，不单纯是一种社会调控手段或工具。

对民众而言，法律不仅意味着应然或必然，而且是一种切实有效的力量。但是，法律是理性人的游戏和交往规则，只为理性人带来好处，并由此构成其行为及其合法性的基础。塑造理性人人格就是培育社会的守法品格和精神，“邦国虽有良法，要是人民不能全都遵循，仍然不能实现法治”。在很大程度上讲，法治的存在是以人性的恶为前提，又是对人性之恶予以遏制的明智选择。法治通过遏制人性之恶，从而张扬人性之善，因此，法治是友善的守护神，作恶使坏、为非作歹终会被法治严惩。

（明纯）

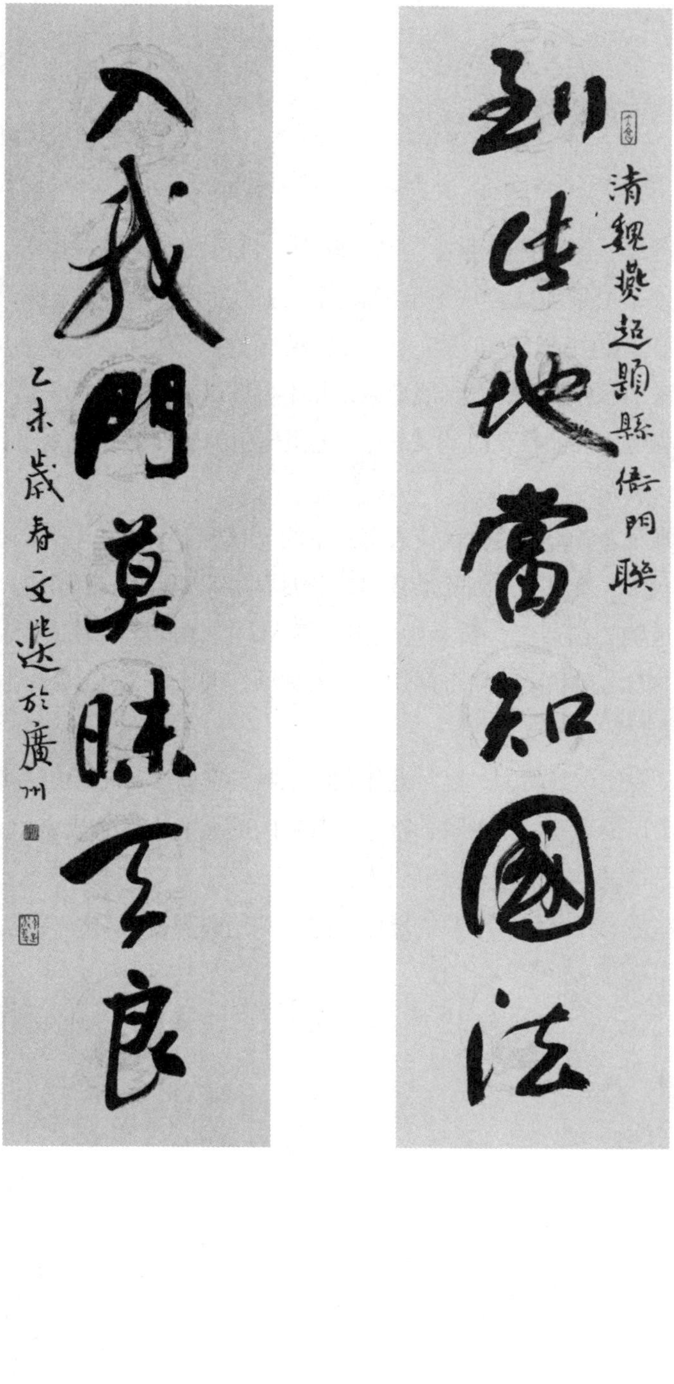

谭文选 书

联文

也须规矩从绳墨
还待春风试剪刀

出处

佚名题裁缝店联

读联随笔

此联来自裁缝店，把行业特色融入联中，言语幽默，饶有趣味，信手拈来，不着痕迹，很是巧妙。规矩是指画圆、方的工具，绳墨是指量平直的工具，原是木工作业中使用的工具。《礼记·经解》：“故衡诚县，不可欺以轻重；绳墨诚陈，不可欺以曲直；规矩诚设，不可欺以方圆。”后来借指应当遵守的标准、法则。例如春秋时的《管子·七臣七主》：“法律政令者，吏民规矩绳墨。”

春风、剪刀之句，出自唐代诗人贺知章的《咏柳》一诗：“碧玉妆成一树高，万条垂下绿丝绦。不知细叶谁裁出，二月春风似剪刀。”诗中把春风比作剪刀，说她是美的创造者，赞美她裁出了春天，言语间洋溢着人逢早春的欣喜之情。诗中的比拟和比喻新奇贴切，为人称颂，《唐诗笺注》云：“赋物入妙，语意温柔。”

裁缝当然要使用到剪刀，是行业作业的工具，在联中却描绘出春风剪刀的温馨意境，实在是高妙。其中隐含暗喻，裁缝的剪刀能给你剪裁出如春色的美衣，让你满面春风，岂不是十分吸引人？

裁缝店本是十分世俗、市井的场所，这联却用典高古、文辞高雅，读了让人如沐春风。

（陈斌）

钱海源 书

联文

道理服人，哪怕英雄似虎
律条不犯，说甚官法如炉

出处

塾师保泰题丁村治族持家联

读联随笔

这一联，用于乡村学堂教育孩子要循规蹈矩，做个遵纪守法的公民最为合适。

上联强调以理服人的重要性。哪怕英雄像老虎一样凶猛，你也要把道理讲明，用道理说服对方，以柔克刚使人口服心服。

下联说的是，你只要依法办事，不违反律条，再严厉的法规也不会惩罚到你头上，你怕它干吗？

这副联意在规劝，语气平和，朴实无华，通俗易懂，具有一定的积极意义。

（陈斌）

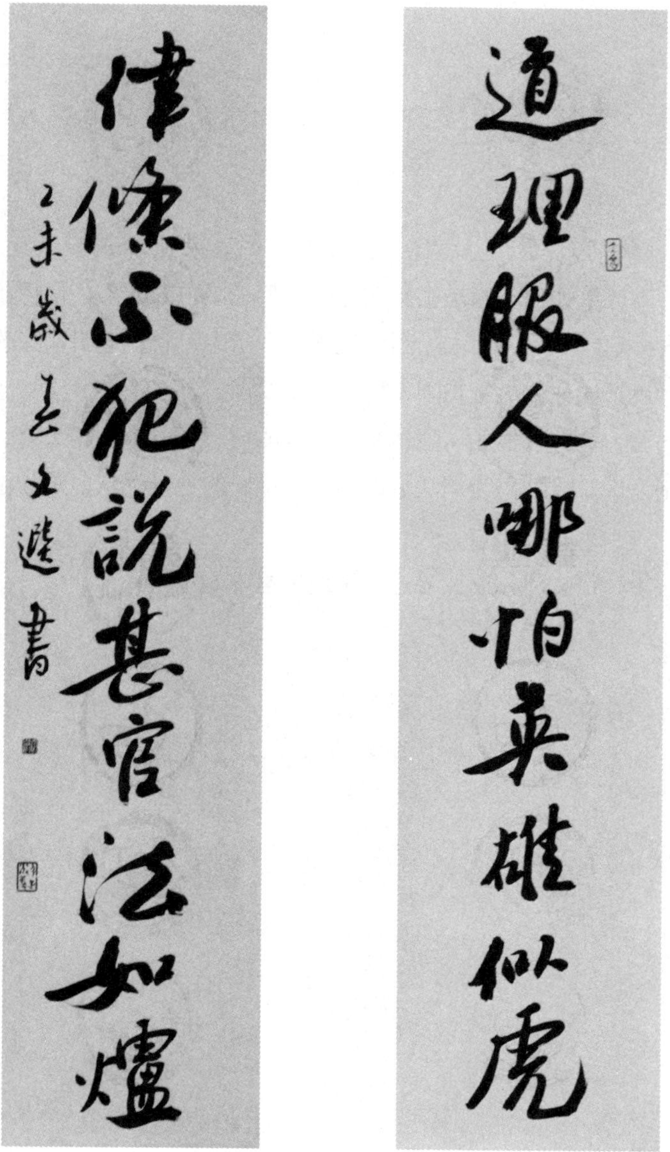

谭文选 书

联文

法笔如椽，书写神州稳定
律师似秤，衡量社会公平

出处

当代·雷连生题律师事务所联

读联随笔

《晋书·王珣传》：“珣梦人以大笔如椽与之，既觉，语人曰：‘此当有大手笔事。’”大笔如椽，椽是指放在檩子上架着屋顶的木条，像椽子那样大的笔，形容大手笔、名著、名家。因为是题律师所的对联，这里作者改为“法笔如椽”，意思是说法律对维护国家稳定的重要性。

律师与法官、检察官构成司法体系中不可或缺、相互牵制的力量，共同维护社会的法制公平。律师作为司法体系中一支平衡的力量，从而维护法律的公平、公正。

公正、法治，是构建和谐社会这一系统工程中的重要环节，像一部机器中的重要部件。

（陈斌）

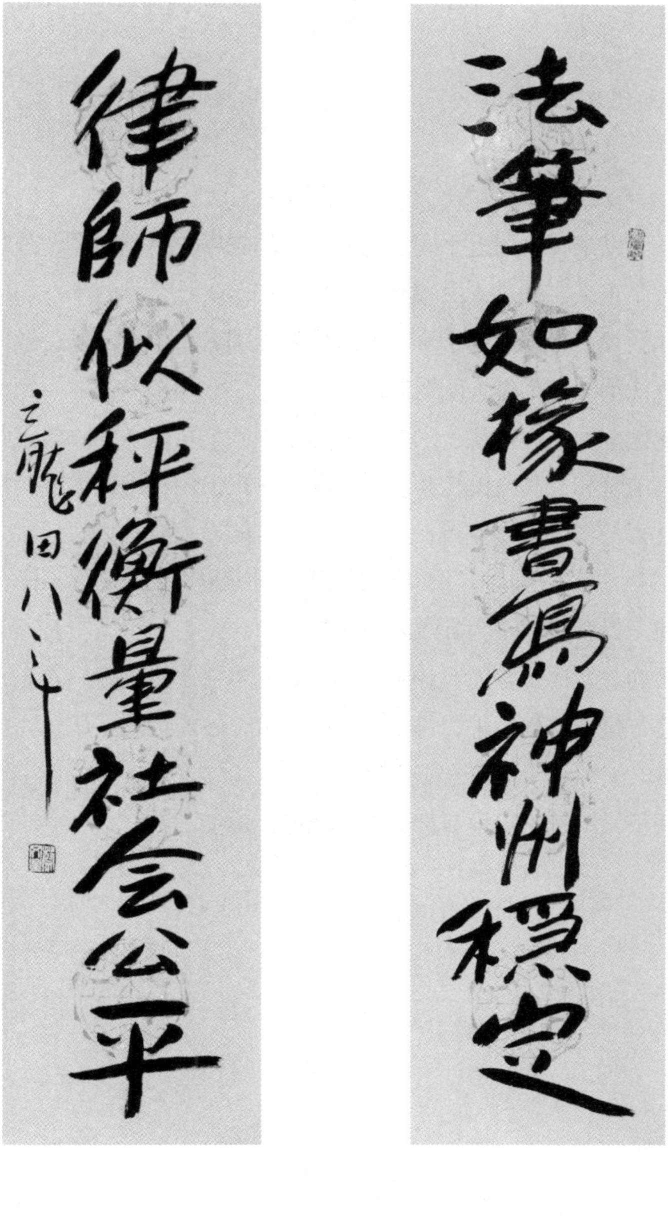

蔡文星　书

联文

执法无私，敢将正气驱邪气
护民有责，乐献丹心表爱心

出处

当代·林湘雄题派出所联

读联随笔

党的十八大以来，以习近平同志为总书记的党中央特别强调，政法工作要以促进社会公平正义、增进人民福祉为出发点和落脚点。党的十八届中央委员会第四次全体会议还专门研究了全面推进依法治国若干重大问题，做出了《关于全面推进依法治国若干重大问题的决定》。

2015年便是全面推进依法治国的开局之年。我们可以从2015年召开的两会上，最高人民法院和最高人民检察院所做的工作报告中看出，追求司法公正既是“两高”过去一年的工作重点，又是未来一年的发力方向。

上联的“执法无私”与“正气驱邪气”是相辅相成的关系。只有正气凛然，无私才能无畏，才敢于与邪气做坚决的斗争。

执法的目的、宗旨是护民，护民是执法者的责任。执法者只有忠于人民，怀着一颗丹心，付出牺牲精神，付出无私的代价，才能为民尽职，完成法律赋予的神圣职责。

整副对联正气凛然，掷地有声，抑扬顿挫，对仗工整。

（陈斌）

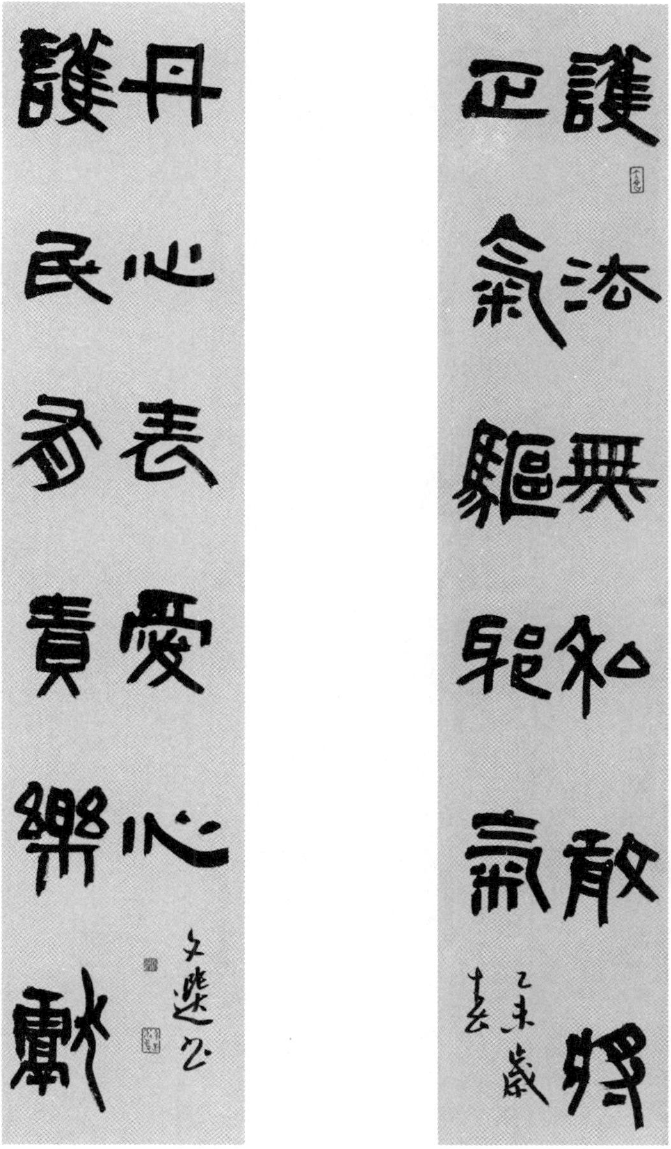

谭文选 书

关于公民

爱国 敬业 诚信 友善

爱国、敬业、诚信、友善的价值准则，着眼于现代国家公民应当遵循的基本行为准则，凝聚了全社会的道德共识，涵盖了社会公德、职业道德、家庭美德、个人品德等方面，继承了中华民族传统美德、中国共产党革命道德和社会主义新时期道德的优良传统，具有基础性、广泛性和普遍性。

爱国

爱　国

我是中国人民的儿子，我深情地爱着我的祖国和人民。

——邓小平

在中华民族几千年绵延发展的历史长河中，爱国主义始终是激昂的主旋律，始终是激励我国各族人民自强不息的强大力量。

——习近平2013年12月21日在欧美同学会成立100周年庆祝大会上的讲话

联文

不为列强奴仆
誓做中华主人

出处

周恩来撰应对何殿甲老人联

读联随笔

少年时代的周恩来在沈阳市东关模范学校念书，不但学习努力，还特别关心国家大事，在同学中有很高的威望。他有个同学叫何履祯，俩人挺要好，周恩来时常到他家去做客。何履祯的爷爷叫何殿甲，是位很有正义感的私塾先生。

何殿甲看周恩来年纪虽小，可谈吐不凡，很有抱负，十分喜欢他。有一天，何老先生给周恩来出了个上联，让他对个下联。上联出的是：不为列强奴仆。那会儿，帝国主义国家把中国当成了一块肥肉，都来抢夺。眼看着中国的大好河山就要被强盗们瓜分，中国人民就要当亡国奴了。所以，何老先生写联激愤地表示：我们中国人不能再受列强的欺负了，我们决不能当亡国奴。周恩来看了上联，想了一下，马上提笔写出了下联：誓做中华主人！何殿甲一看，不由得竖起了大拇指，连连夸奖说："周先生年少有大志，真了不起！"

周恩来从小就立下鸿鹄之志，"为中华之崛起而读书""为中华腾飞而努力奋斗"！而他也以一辈子的实际行动，践行着自己的宏伟理想。

（明纯）

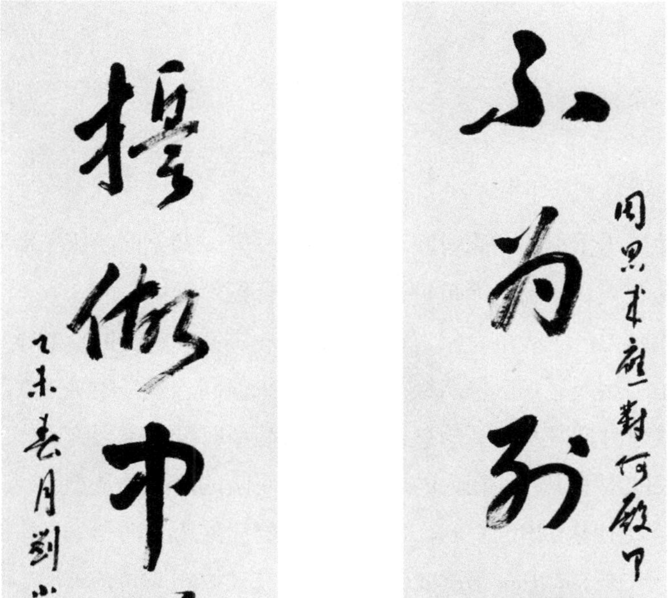

刘小毅 书

联文

四面云山归眼底
万家灯火系心头

出处

朱德《心系天下》

读联随笔

这是朱德同志撰写的一副对联。寥寥数语，老一辈无产阶级革命家心系天下，时刻把劳苦大众的温饱冷暖记在心头的情怀跃然纸上。

朱德同志是无产阶级革命家、军事家，党、国家和军队的卓越领导人，中国人民解放军创始人之一。早从红军时期起，朱德同志就是中国工农红军的总司令，抗日战争时期是八路军的总司令，解放战争时期是中国人民解放军的总司令。在漫长的岁月里，他在人民战争、人民军队的建设以及党的建设、经济建设等方面，做出了杰出的贡献，建立了永不磨灭的历史功勋。

1917年，朱德荣膺滇军第三混旅旅长。在驻守泸州期间，朱德心系天下兴亡，于思绪万端中撰写了一副楹联，表达自己的忧乐观："四面云山归眼底，万家灯火系心头。"此联气势与文采兼胜，忧国忧民之情溢于言表。出身农家的朱德，深深感受到战争对贫苦大众带来的无穷灾难。

为人民谋利益、谋幸福，朱德同志为此奋斗了一生，在九十高龄、精力即将消耗殆尽的时刻，仍然挥毫写下了"革命到底"四个苍劲的大字，这充分体现了他毕生的追求。

（明纯）

陶第迁　书

联文

有关家国书常读
无益身心事莫为

出处

徐特立赠王汉秋联

读联随笔

此联脱化于古联："有关世教书宜读，难对人言事莫为。"

一副优秀的题赠励志对联，总是与题赠者和受赠者的身份、学养、志趣相称，既是合时而作，又有其长久的适应意义。

老一辈无产阶级革命家徐特立的"有关家国书常读，无益身心事莫为"之联，是他于1938年题赠湖南湘潭青年店员王汉秋的一副励志联。其格调、境界虽远不及林则徐的自勉联"苟利国家生死以，岂因祸福避趋之"，只是在国家民族危难时对青年一代最底线的要求，仍充分反映出徐老不责人以难能，实事求是的态度，以及他对青年人的谆谆教诲、殷殷期望。在今天，此联仍可作为广泛适用的格言联。

受儒家"修身、齐家、治国、平天下"思想长久熏陶，中国传统读书人无论穷通贵贱，大抵都有一种心忧天下的情怀，"有关家国书常读"就是这种情怀的表现。从陆游的"位卑未敢忘忧国"，到顾炎武的"天下兴亡，匹夫有责"，无不如此。这种情怀，是中华民族历尽艰辛磨难却百折不屈的一种内核和力量。

"无益身心事莫为"，是对每一个人处世立身的最底线的要求，而不仅仅适用于年轻的读书人。无益于身心的事，诸如奢靡、荒淫、无聊等，都是无益于国家、社会，无益于社会公正、公平和谐、可持续发展，不符合社会公德、道德的事。须知，骄奢淫逸是与我国的传统道德相悖的，皆为无益于身心之事。对此，我们即使不要求其"苟利国家生死以"，也应奉告一声："无益身心事莫为。"

（谢礼然）

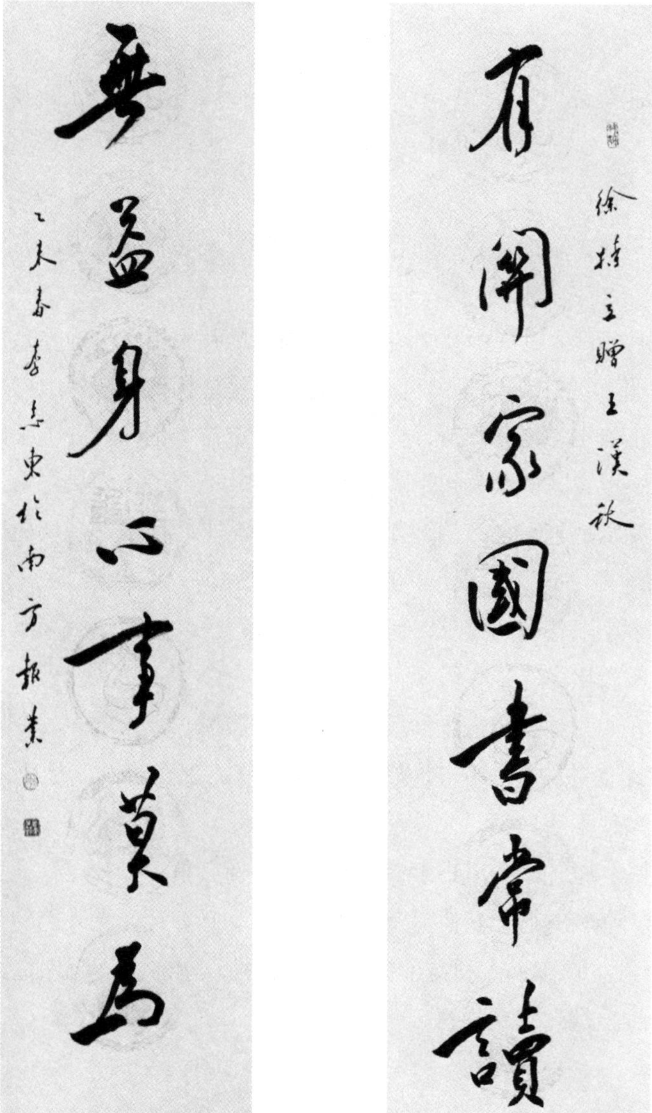

李志东 书

联文

心在人民，原无论大事小事
利归天下，何必争多得少得

出处

胡耀邦改联

读联随笔

这是胡耀邦同志送给杨善洲同志的一副对联。说起来，其中还有一件动人的往事。

1980年10月23日，时任中共中央总书记的胡耀邦来到保山地委，却见不到地委书记杨善洲。原来，当时一切保密，省委只是让杨善洲在保山待命，不要外出。而那时正值小麦播种季节，杨善洲在办公室待不住，就去了板桥公社的田间，卷着裤腿跟农民群众一起干。总书记来了，地委工作人员赶紧去田里叫他，他才一身泥水地赶回来，胡耀邦看到他满身泥土的样子，亲切地说："像你这样朴实的地委书记不多了！"胡耀邦还送给杨善洲一副对联："心在人民，原无论大事小事；利归天下，何必争多得少得。"这句话后来成了杨善洲毕生的追求和座右铭。

杨善洲同志如此扎实的工作作风，实在令人震撼，令人敬佩，令人感动，令人鼓舞——即使在原总书记胡耀邦来视察之前的那点时间，他仍能沉到一线，亲自下田插秧干活！

"心在人民，原无论大事小事；利归天下，何必争多得少得"，这对联正是杨善洲一辈子奉献的写照。他一辈子用实际行动坚守共产党人的精神家园：把党和群众的利益放在个人利益前面，淡泊名利、地位，公而忘私，廉洁奉公。这样的人生，是光明磊落的。

（明纯）

李孟昱　书

联文

三军可以夺帅
匹夫不可夺志

出处

郭沫若赠叶挺联

读联随笔

此联典出《论语·子罕》：“三军可夺帅也，匹夫不可夺志也。”意思是军队的最高统帅都可以被撤换，但是一个人的志向却是不能被改变的。

孔子这段名言，以鲜明对照的句法和毅然决然的语气，表达了这样的信念：人格力量是不可战胜的，一个人应该坚定信念，矢志不渝。而这种信念，又典型地代表着中国文化执着于道德理想的可贵传统，古往今来，鼓舞着无数仁人志士对浑浊现实的奋勇抗争和对美好理想的不懈追求。

抗战初期，叶挺与项英等在武汉筹组新四军时，同睽违已久的郭沫若相遇。别后重逢，他们感慨万端。应叶挺之请，郭沫若借用孔子的话，为他书题了“三军可以夺帅，匹夫不可夺志”的12字对联。这一对联从此便成为了叶挺的座右铭。他处处以此规范自己，激励自己。抗日战争中，叶挺出任新四军军长，皖南事变中被国民党扣押，他断然拒绝了蒋介石的威逼利诱，写出了著名的《囚歌》以明志，以实际行动诠释了“三军可以夺帅，匹夫不可夺志”的信念。

（明纯）

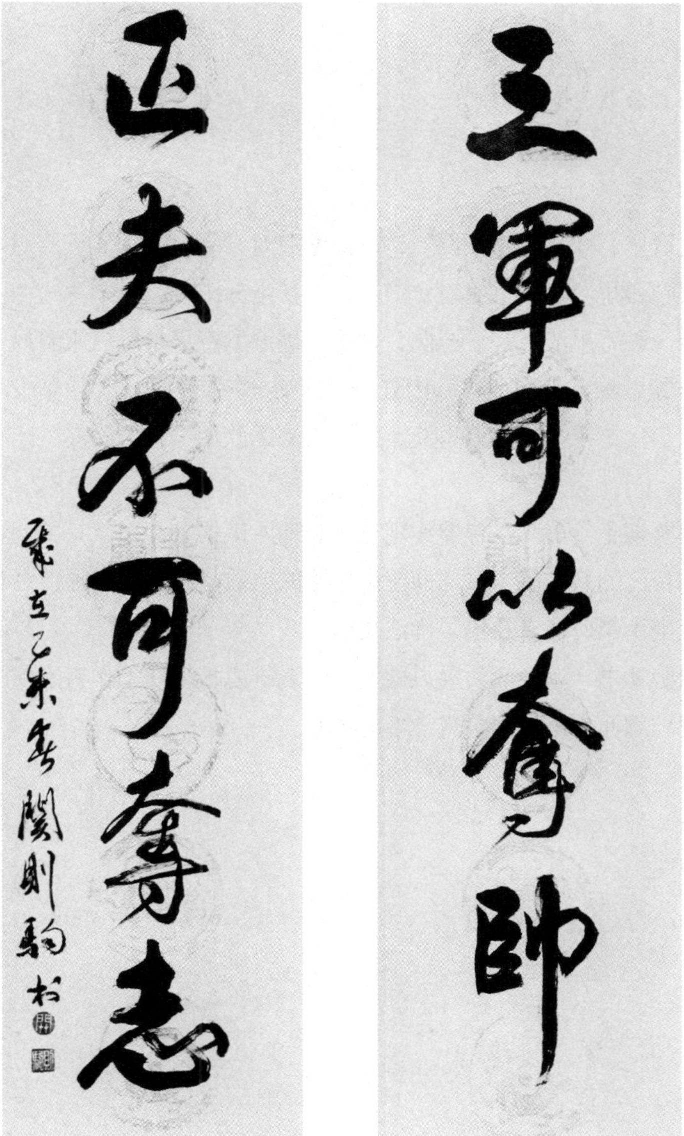

关则驹 书

联文

愿乘风破万里浪
甘面壁读十年书

出处

孙中山自勉联

读联随笔

这副对联里，“甘”对“愿”，“面壁”对“乘风”，“读”对“破”，“十年”对“万里”，“书”对“浪”，对仗十分工整。

“愿乘风破万里浪”是说志向，“乘风破浪”意思是船只乘着风势破浪前进，比喻排除困难，奋勇前进。出处是《宋史·宗悫传》：“悫年少时，炳问其志，悫曰：‘愿乘长风破万里浪。’”后人因此用“乘风破浪”比喻施展政治抱负。

“甘面壁读十年书”是说要实现这个志向所需的条件，就是要刻苦地学习本领，提高自己的素质能力。“面壁十年”的典故是指达摩祖师曾经在少林寺对着墙壁打坐十年，终于领悟了佛法真谛。

甘愿面壁读书十年，而后乘风破浪、一展雄姿，表现了作者宏伟的理想抱负和为实现理想而不惜献出宝贵青春的决心。

（明纯）

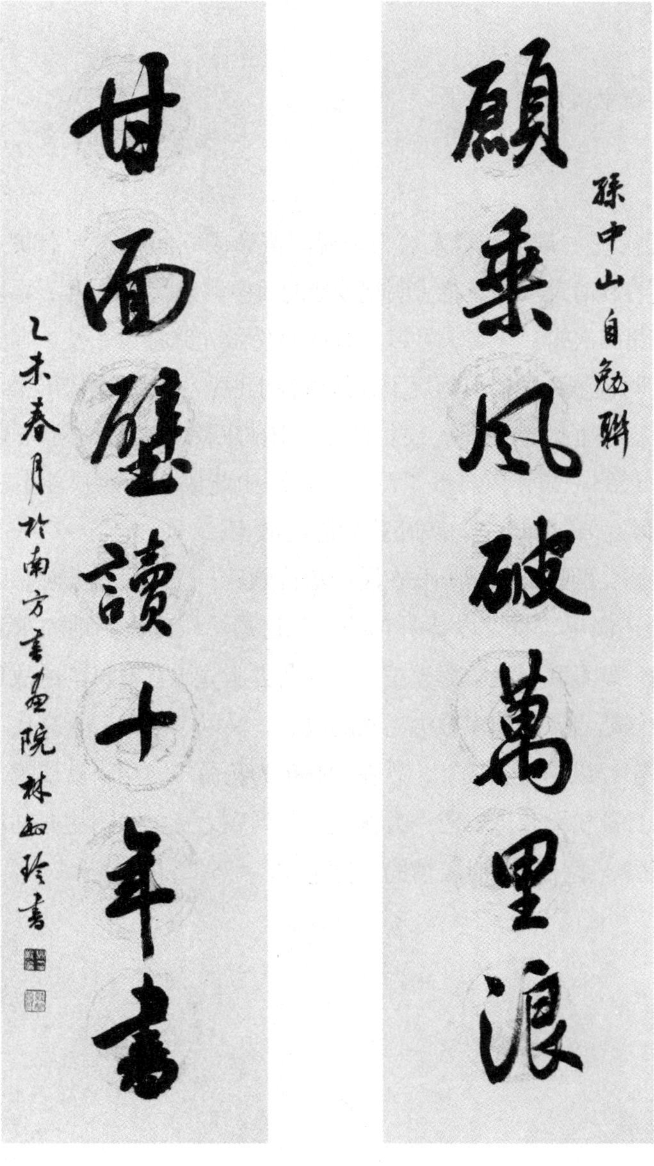

林敏玲　书

联文

有志者，事竟成，济河焚舟，十万秦师终入晋
苦心人，天不负，卧薪尝胆，三千越甲足吞吴

出处

章太炎题赠中国同盟会会员

读联随笔

此联是近代民主革命家章太炎为庆祝同盟会成立而写的。上联“济河焚舟”，说的是春秋时期秦国大将孟明视攻晋的故事。公元前624年，孟明视在屡战屡败之后，第四次带兵攻晋，并以主帅的身份做先锋打第一仗。在大军过了黄河之后，孟明视下令把船只都烧了，他对将士说：“咱们这次出来，有进无退，仗打胜了，还怕没有船吗？仗打败了，还想回家吗？”由于下定了决一死战的决心，最终一鼓作气打败了晋国，秦国由此成为了西戎霸主。下联说的则是大家耳熟能详的越王勾践卧薪尝胆的故事。

说到“卧薪尝胆”，还有一联在民间流传颇广：“国耻本非轻，卧薪不忘尝胆恨；春晨还尚早，枕戈以待听鸡鸣。”这是一位流亡内地的东北汉子在1945年撰写的一副春联，联语用越王勾践卧薪尝胆立志打败吴国的故事，表明渴望早日打败侵略者，为国家报仇雪耻的决心，又以“鸡鸣”天亮代“枕戈待旦”的“旦”字，以切“春晨”，妙在1945年为乙酉年，生肖就属鸡。“春晨还尚早”又寓且莫松懈斗志，应一鼓作气斗争到底之意。联语用典贴切，感情真挚，发人深省，是一副切时凝情的醒世之作。

（明纯）

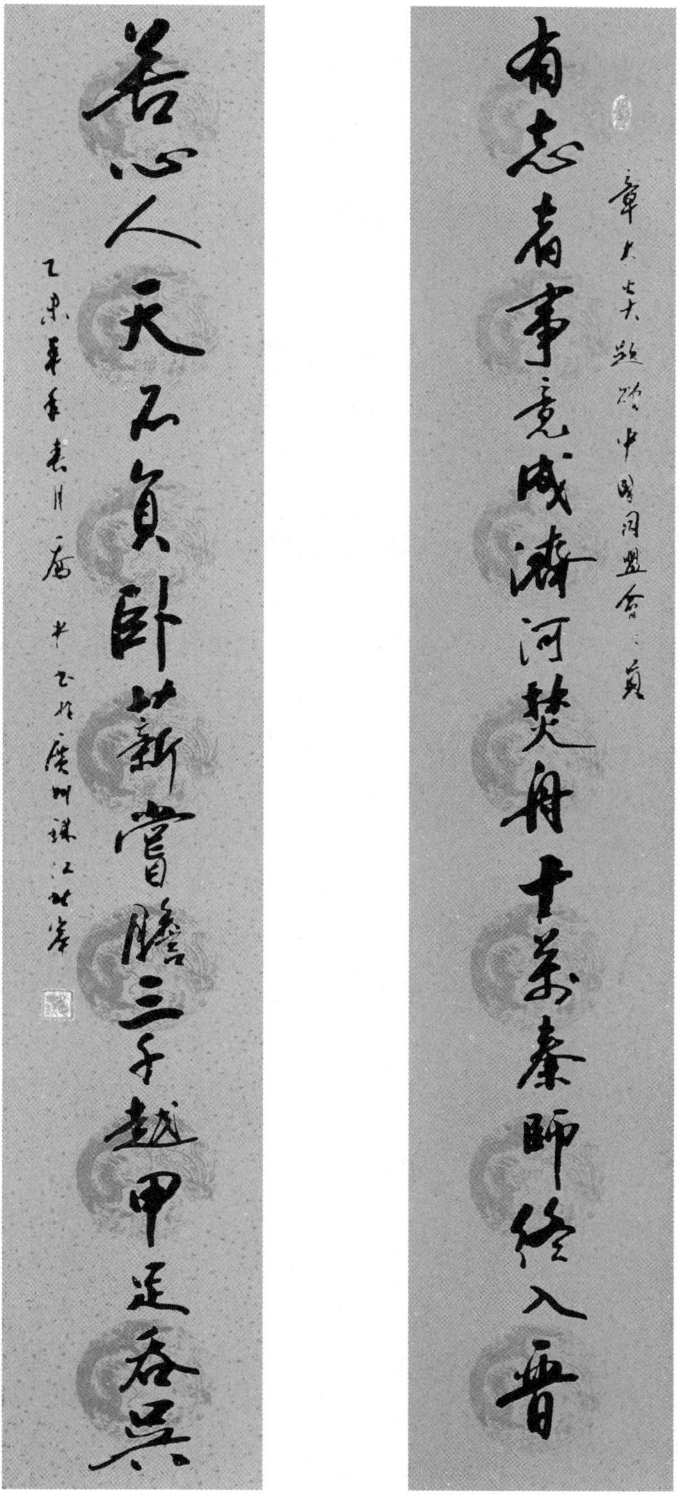

乔平 书

联文

救民安有息肩日
革命方为绝顶人

出处

冯玉祥自勉联

读联随笔

20世纪30年代，著名爱国将领冯玉祥在张家口率部浴血抗日，失败后一度隐居泰山。但他胸怀一腔爱国爱民的赤忱之心，撰写此联，以寄托他抗日救国的坚定信心和抱负。

上联“救民安有息肩日”直抒襟怀，表达了要以拯救百姓于水深火热之中为己任，决不中途停歇或卸下肩负的重任。下联“革命方为绝顶人”是说要为革命事业而献身，决心做个推翻黑暗社会的人。联中化用杜甫“会当凌绝顶，一览众山小”的诗句，比喻站得最高、看得最远，以革命到底的精神迎接光明美好的未来。上下联都与泰山相结合，只有不“息肩”，才能登“绝顶”，革命事业就是如此，只有勇往直前才能取得成功。

冯玉祥将军的伟大抱负早已实现，中国人民正满怀信心努力开创现代化建设的新局面。在新征程上同样不能“息肩”，只有不断奋斗、努力攀登，才能到达中华民族伟大复兴的“绝顶”。愿我们都能成为革命的“绝顶人”！

（陈焕溪）

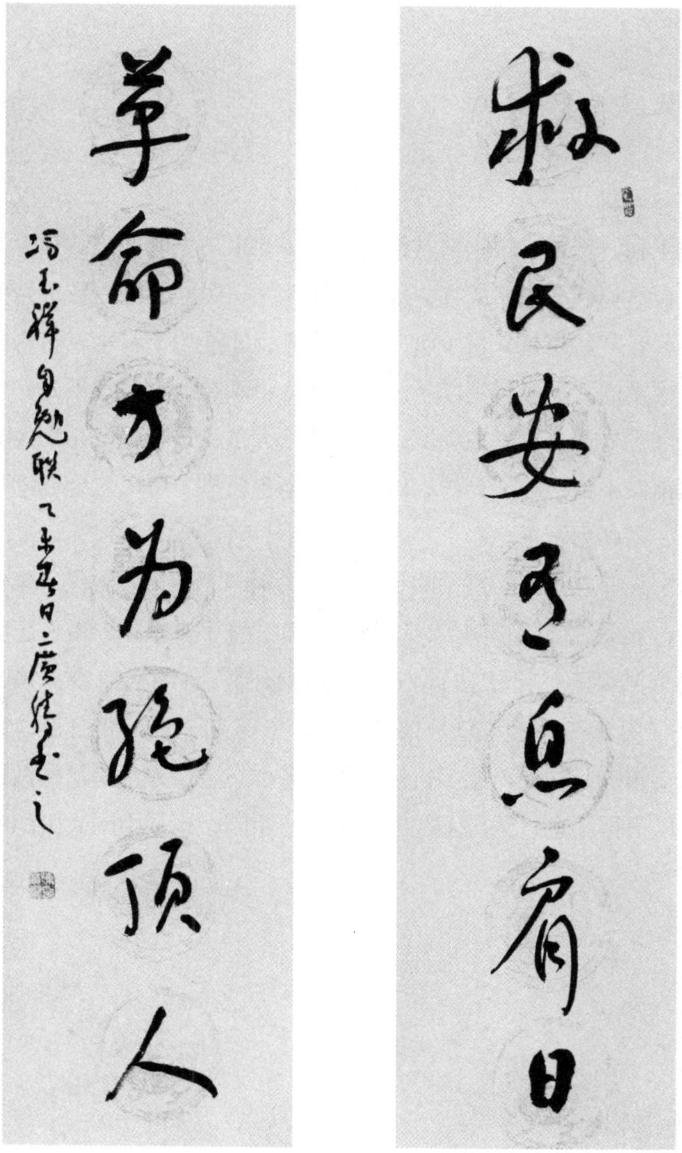

陈广腾 书

联文

男儿尽有移忠事
志士常怀报国心

出处

语出当代·黄荣章集句联

读联随笔

在封建王朝，忠君、报国常常被视为同一件事。上联典出“移孝为忠”，指把孝顺父母之心转为效忠君主。语出《孝经·广扬名》：“君子之事亲孝，故忠可移于君。”意思是，君子事事以孝为先，才能忠于君主。自古以来，中国人都很重视孝道，很多君主以孝治国，认为不孝顺的人品行不好，也不会做到忠诚，所以倡导“百善孝为先”，认为孝是大善，是至善。一个人如果连最基本的孝顺都做不到，就不算善，做再多好事也白搭。所以只要你孝顺，就可以侍奉君主，入朝为官了。

下联简明直白，是一句常用的报国名言。报国，指报效国家。宋代苏轼有“报国之心，死而后已”，明代大臣杨继盛有“生平未报国，留作忠魂补”，南宋爱国诗人陆游有“平生铁石心，忘家思报国”，明代抗倭将领、军事家戚继光疾呼“男儿铁石志，总是报国心”，朱德有“青山埋白骨，绿水吊忠魂”……以身报国，甘死无怨。古往今来，多少志士仁人都是这样做的。这是中华民族得以衍衍不息、绵绵不绝的一个重要原因，也是中国人民的一种崇高的品德。

（明纯）

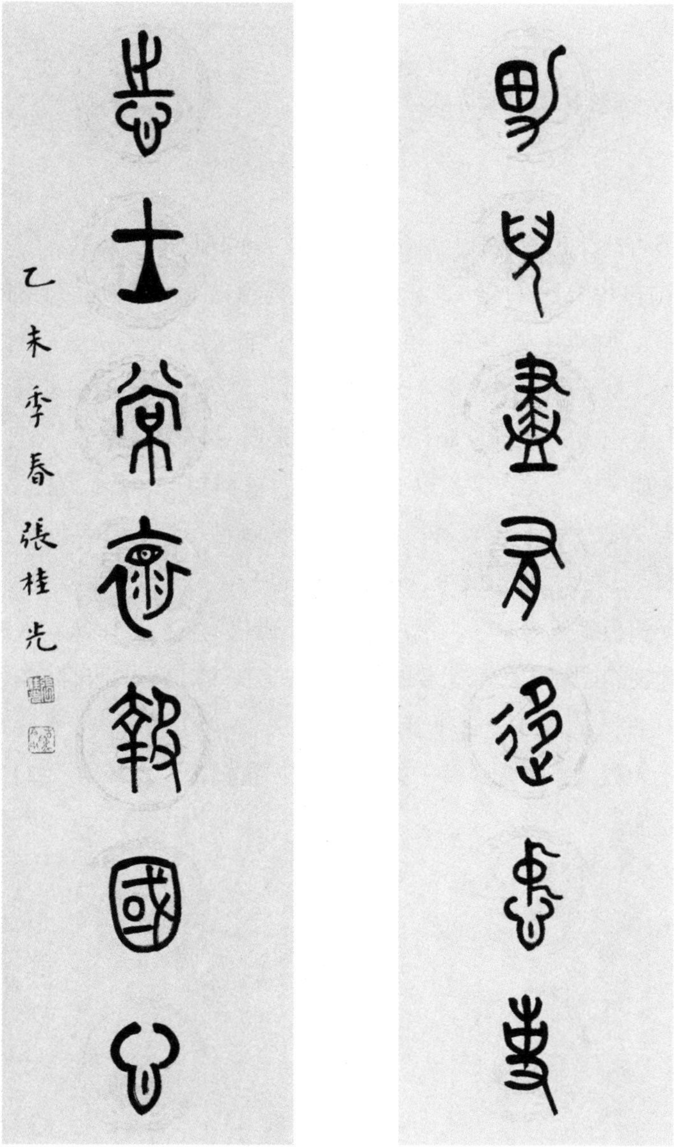

张桂光 书

联文

有志儿男身许国
无边天地伍为家

出处

语出当代·陈芝钦国防教育联

读联随笔

此联工整直白，言简意赅，可谓是质量较高的国防教育对联。

上联“有志儿男身许国”，意思是有志气的男子汉把自己的身体献给国家，尽忠报国，临难不顾。许，奉献的意思。此语典出《南史·羊侃传》：“久以汝为死，犹在邪？吾以身许国，誓死行阵，终不以尔而生进退。”《宋书·武帝纪上》也有：“横尸庙门，遂其由来以身许国之志。”清代林则徐《家书·给妻郑夫人书》：“盖以身许国，但求福利民，与民除害。”自古以来，无数仁人志士为了国家和民族大义甘愿牺牲一切，甚至献出自己的生命，像文天祥、岳飞、方志敏等，都是这样的人。

下联“无边天地伍为家”，伍，指队伍，借代为部队、军队。人民军队四处为家，驻扎在祖国和人民最需要的地方。以伍为家，就是把部队作为自己的家，一心扑在部队的工作上，不计较个人得失，一切都以军队利益为首要考虑。正是有了无数献身国防建设、勇于保家卫国的军人，才有了我们今天这样幸福安宁的生活。

（明纯）

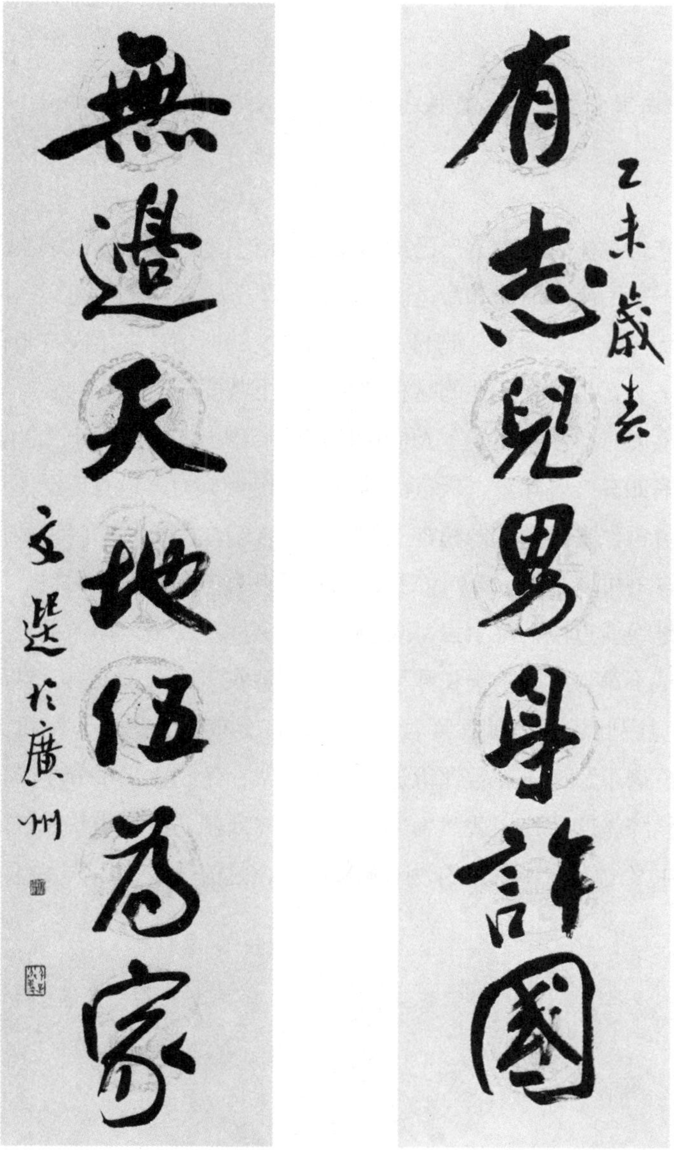

谭文选 书

联文

身无半亩，心忧天下
读破万卷，神交古人

出处

语出清·左宗棠题左氏家塾联

读联随笔

上联讲立志。作者认为，自己虽然家无半亩土地，收入难以解决温饱，心里却关心着国家民族的前途和命运。“心忧天下”，借用范仲淹《岳阳楼记》“先天下之忧而忧”的句意。他的《感事四首》的诗句“书生岂有封侯想，为播天威佐太平”，也反映了他的这种“义与天下共安危”的志向。

下联讲读书。“读破万卷”乃借用杜甫《奉赠韦左丞丈二十二韵》“读书破万卷，下笔如有神”句意，极言阅读之广。作者认为，只有广泛阅读各类书籍，向古代贤哲仁人请教和做精神上的交往，才能发挥所长，经世致用。作者还指出：“读书可以养性，亦可养身，只要工夫有恒，不在迫促也。”

左宗棠是晚清重臣，军事家，政治家，著名湘军将领，洋务派首领。左宗棠少年时屡试不第，后就读于长沙岳麓书院。意农事，遍读群书，钻研舆地、兵法。后来竟因此成为清朝后期著名大臣，官至东阁大学士、军机大臣，封二等恪靖侯。老革命家王震曾评价道：“左宗棠在帝国主义瓜分中国的历史情况下，立排投降派的非议，毅然率部西征，收复新疆，符合中华民族的长远利益，是爱国主义的表现。左公的爱国主义精神，是值得我们后人发扬的。”

（明纯）

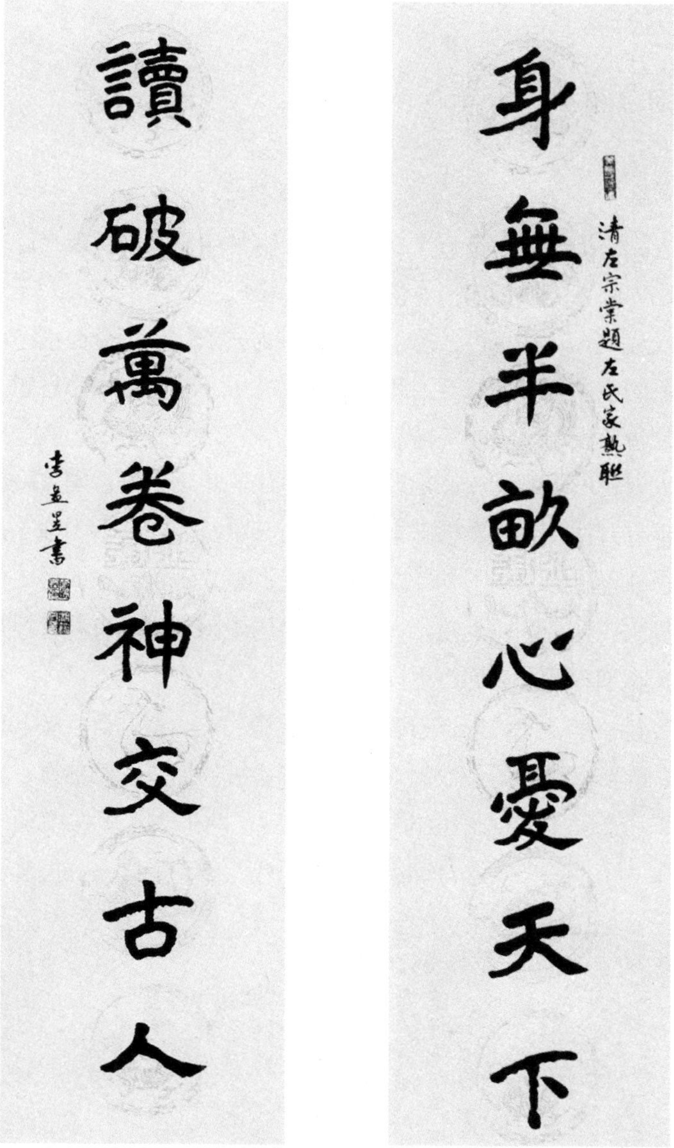

李孟昱 书

联文

仁人眼里民为本
志士心中国是根

出处

当代·易汝浩撰联

读联随笔

志士仁人，原指仁爱而有节操，能为正义牺牲生命的人，现在泛指爱国而为革命事业出力的人。该词出自《论语》——子曰：“志士仁人，无求生以害仁，有杀身以成仁。”意思是，志士仁人没有为乞求苟全生命而损害仁德的，只有牺牲自己的生命来实现仁道。此语反映了孔子“仁”的核心思想，作为一种值得提倡的价值观与可贵的精神品质，时至今日依然有着深远的意义。

没有伟大人物出现的民族，是世界上最可怜的生物之群；国家民族之所以能够鼎立于世界，往往系于少数志士仁人的奋斗献身。“民富国强”是近代以来仁人志士奋斗不息的“中国梦”，是中华民族复兴不可或缺的历史任务。实现中华民族复兴，这个寄托无数仁人志士夙愿的中国梦，既有着辉煌灿烂的前景，又是一个长期艰苦奋斗的历史过程。

“仁德”包括孝、悌、忠、恕、礼、知、勇、恭、宽、信、敏、惠等精神品质，“仁”的信念激励了无数仁人志士为国家民族抛头颅洒热血，为社会公正挺身而出。孔曰成仁，孟曰取义。从此以后，两千余年里，中国人都熟悉“杀身成仁”“舍生取义”这对词组，历朝历代都不乏为国家和民族而慷慨捐生的英雄。

（明纯）

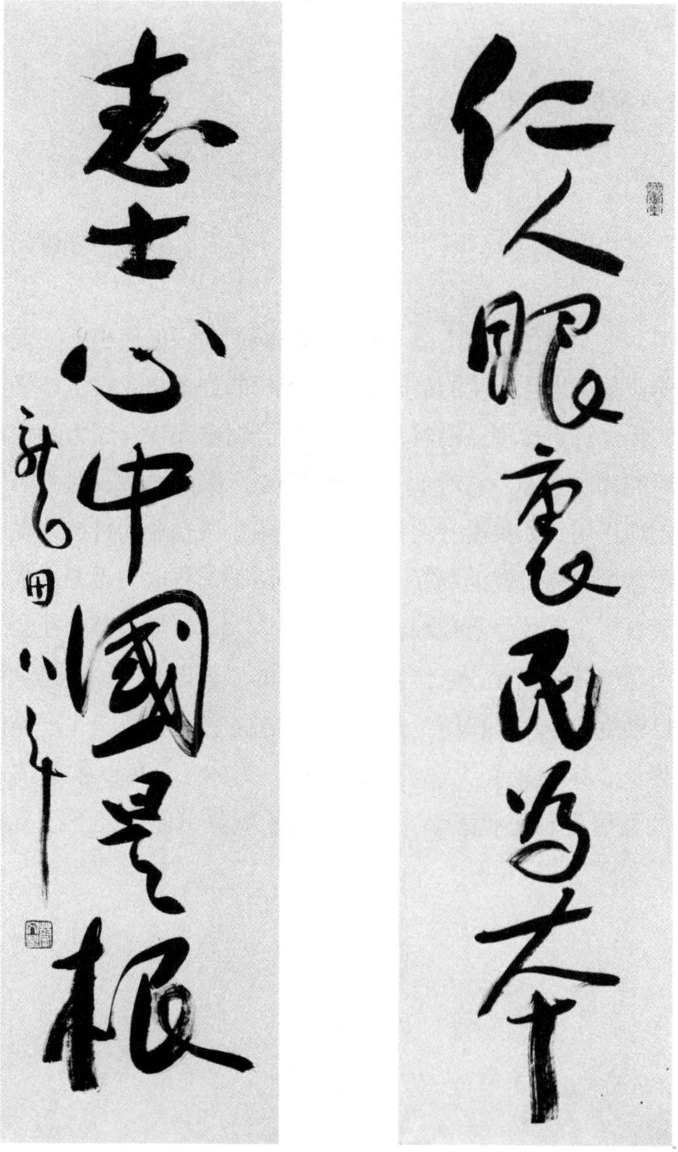

蔡文星　书

联文

兴邦有策苍生福
报国无私赤子心

出处

当代·黄祖希撰机关联

读联随笔

“兴邦”对“报国”，“苍生福”对“赤子心”，联面十分讲究，无一废字且字字有落处。

兴邦报国，是无数仁人志士奋斗终身的夙愿。中国近代史上，就有许多民族企业家把实业救国当作人生的最高使命，现代的许多企业家也都坚持产业报国。的确，实体经济直接创造财富，是一国社会财富和综合国力的根本，也是改善人民生活的物质基础，它对于一个地区乃至国家的发展，对于当地的民生福祉起着决定性作用。如果没有实体经济中大中小微企业的可持续发展，就业与再就业、财富增收与投资消费等一系列经济活动都将成为无源之水。

兴邦必须有策。实体经济是国家发展的根本大计，涉及整个社会发展的方方面面。特别是机械制造业，它作为实体经济的“老母鸡”，更是对社会经济发展起着举足轻重的作用。机械工业、装备制造业技术精良，生产施工才有保障。重工业发达，国家就强大，根基就牢固。实体经济可以推动技术创新，推动生产力的发展。制造业能解决很多人员的就业，促进经济社会和谐稳定发展。

（明纯）

李孟昱 书

联文

报国文山志
为民海瑞情

出处

当代·李育文《缅怀彭大将军》诗

读联随笔

联文把彭德怀比拟为文山和海瑞两位清官，真挚地颂扬了彭大将军的爱国、爱民情怀。

文山是文天祥的号。文天祥是宋末的政治家、文学家、爱国诗人、抗元名臣。面对侵伐宋朝的元军，他奋起反击，被俘后宁死不降，爱国气节气壮山河。海瑞，明朝大名鼎鼎的“海青天”，多次冒死进谏，为民请命，虽罢官下狱而不悔。海瑞为官铁面无私，惩贪除暴，为权臣所不容，三度罢官离任时，百姓拦道而泣。

“文革”前夕，举国声讨新编历史剧《海瑞罢官》，并断定剧中的海瑞影射的就是彭德怀。彭德怀庐山会议上呈送过意见书，犯下“恶毒攻击三面红旗的反党罪行”，因而被罢官。《海瑞罢官》被认为是为彭德怀鸣冤叫屈、妄图翻案的作品，作者、演员及被株连的人，均受处理。

客观公正地说，彭德怀廉洁奉公、刚直不阿、无私无畏，其高尚的品格情操倒是同文天祥、海瑞颇为相似。称彭德怀为当代的文山、海瑞并不为过，他同文天祥、海瑞一样，受到人们的景仰。无论古今，无私无畏为人民代言的人，人们都会永远爱戴他、纪念他。

（明纯）

谭文选 书

联文

苟利国家生死以
岂因祸福避趋之

出处

清·林则徐《赴戍登程口占示家人》诗二首之二

读联随笔

林则徐在湖广总督任上禁吸鸦片，因而受命为钦差大臣，来广东查禁鸦片。他到广东后，在虎门销毁鸦片，一举唤醒国人，惊动世界，却遭构罪，谪戍新疆伊犁。时适逢黄河决口，清廷因其有治水专长乃命其前往协助治理，及至大堤修复，又是一纸诏书，将他发配伊犁。军机大臣王鼎极力为之申辩无果，竟自杀“尸谏”。林则徐当日起行，在西安与家人告别时作《赴戍登程口占示家人》：“力微任重久神疲，再竭衰庸定不支。苟利国家生死以，岂因祸福避趋之。谪居正是君恩厚，养拙刚于戍卒宜。戏与山妻谈故事，试吟断送老头皮。”

历来对此诗联的解读，多以为作品在深沉的感慨中，体现林则徐不谋求一己祸福得失，而为国家忍辱负重、鞠躬尽瘁的旷达胸怀与高尚情操。这固然不错。但是，更重要的是，应该从此诗中看到中国传统士大夫的气概。这种气概是中国传统社会所提倡的基本价值观念。只有认识到这个层面，才能理解林则徐和以其为代表的传统士大夫群是如何对待个人与家国的关系，是如何在逆境中把持自我，完善其独立人格的。

“苟利国家生死以，岂因祸福避趋之。”这是林则徐终身践行的信条，也只有做出这样的实事、小事，才能成就大节，成为无私无畏的大英雄。如果没有这种传统士大夫的气概和价值观念，恐怕林则徐是很难把持的。

（陈琳藩）

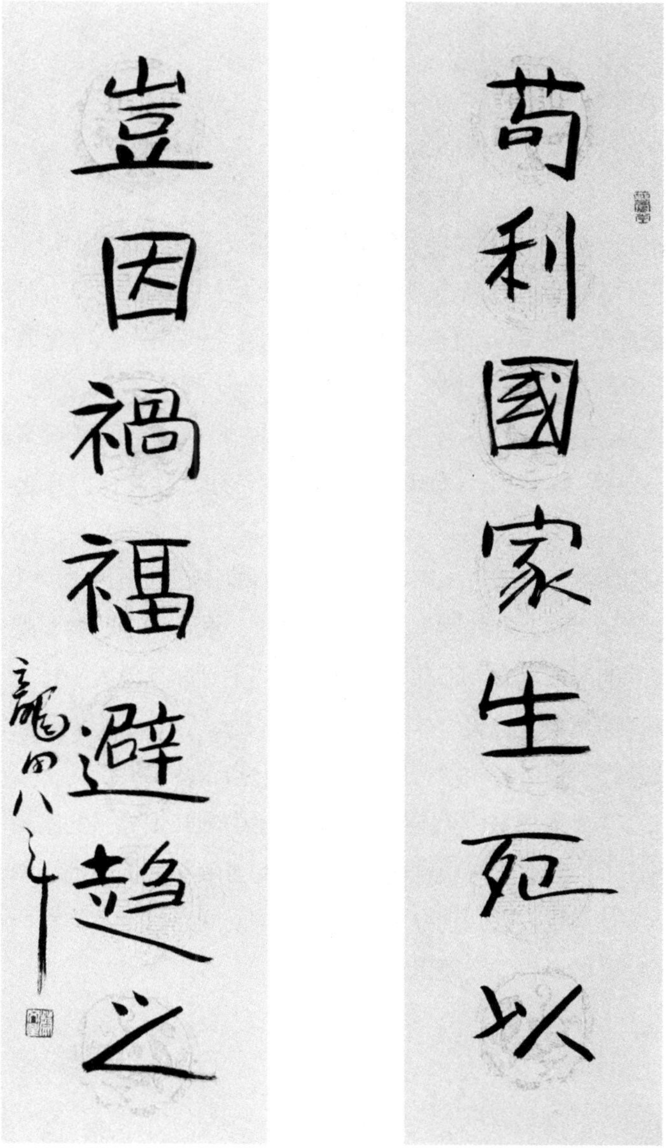

蔡文星 书

联文

干国家事
读圣贤书

出处

明·海瑞自勉联

读联随笔

古代的楹联，作为一种独特的文学形式，在我国有着悠久的历史。始于五代十国，兴盛于明清两代。尤其明太祖朱元璋大力提倡楹联，当时的文人把题联作对当成文雅的乐事，写春联成为一时的社会风尚，悬挂楹联也成了普遍现象。

“干国家事，读圣贤书”，这是海瑞做官时自题的堂联。读来有趣，效之受益。读书先要立志，受人称颂的海瑞以此自勉，其文化意味之深，很值得品味。

志向高远的海瑞，13岁进入海南琼山私学，27岁在琼山郡学就读。从这时候起，他就经常和志同道合的同学一起讨论时政，纵论古今，树立起“读圣贤书，干国家事”的鸿鹄之志。海瑞读圣贤书，并不是和其他人一样为了求得颜如玉、黄金屋，而是要做栋梁之才，效忠国家，为老百姓谋福。此后，海瑞将这副自撰对联悬挂于书斋和内法官府大堂，以之自警。

时至今日，“读圣贤书，干国家事”依然是中国知识分子的崇高追求。士人阶层或许不在了，然而士人精神还在，祖先的血液在我们身上流淌，并且还要传之于子孙。如果我们以知识分子自许，也该问问自己身上的责任。读圣贤书，所学何事？反躬自省，方能无愧。

（明纯）

许固令 书

联文

空谈误国
实干兴邦

出处

语出当代·邓小平1992年1月18日南方讲话

读联随笔

空谈误国，改自古语“清谈误国”。清谈之风始于魏晋，话题一般围绕着《周易》《老子》《庄子》这些玄妙深奥的典籍展开，涉及的都是一些形而上的哲学问题。联中改“清”为“空”，能够更加准确地说明要批判的是那些言不及义、只说不干的现象。

在清华大学礼堂前，伫立着1920（庚申）级同学毕业时献给母校的纪念物：一块石碑。其上面的圆盘是古代的时钟日晷，其一侧刻有中文“行胜于言”，另一侧为“行胜于言”的拉丁译文“Facta Non Verba”。清华大学把“行胜于言”作为学校一贯秉持的校训，从而培养造就了一大批志向高远、脚踏实地、甘于奉献的杰出人物，如胡锦涛、朱镕基、华罗庚、杨振宁等。

在我国历史上，空谈误国甚至亡国都有过教训。赵括纸上谈兵，长平之战，兵败于秦，四十万大军被白起坑杀，直接导致国家的灭亡。

发展需要实干，奉献重在无私。少说多做，苦干实干，是一种可贵的作风，只有苦干实干才能成就事业。中国改革开放的总设计师邓小平同志一贯强调重实际，说实话，办实事，求实效，反对讲大话、空话，他反复告诫领导干部要务实，要为民多办实事。

“空谈误国，实干兴邦”虽只有区区八个字，但言简意赅，意义深刻。似此金玉良言，国人都须谨记。

（杜式恭）

张桂光 书

联文

四面湖山归眼底
万家忧乐到心头

出处

清·陈大纲撰岳阳楼联

读联随笔

此联独辟蹊径，写风景，言简意赅，只在出句点破而已。下联笔锋突转，从四面湖山的空旷既而想到万家忧乐，这是全联的主题所在，立意也就在于此。作者若没有真挚的怜悯之心，是绝对写不出这样的联句的。

立意，也叫命意，是对联之前提。对联具有广泛的社会效应，因此，作品首先要做到主题明确，意象清晰，概念具体。你要写什么，怎么写，均在立意之中。应该说，艺术的提炼往往来源于笔前的立意。此联立意的出处，是范仲淹《岳阳楼记》中两句传诵千古的名言："先天下之忧而忧，后天下之乐而乐。"意思就是把国家、民族的利益摆在首位，为祖国的前途、命运担忧分愁，为天底下的人民幸福出力，表现出作者"以天下为己任"的远大政治抱负。

俗话说："大河有水小河满，大河无水小河干。"个人利益与国家、大众的利益是分不开的。如果国家衰败，生灵涂炭，那么个人利益又从何谈起呢？只有国家兴旺发达，人民安居乐业，个人才有幸福可言。陆游说的"位卑不敢忘忧国"，也是一样的道理啊。

（明纯）

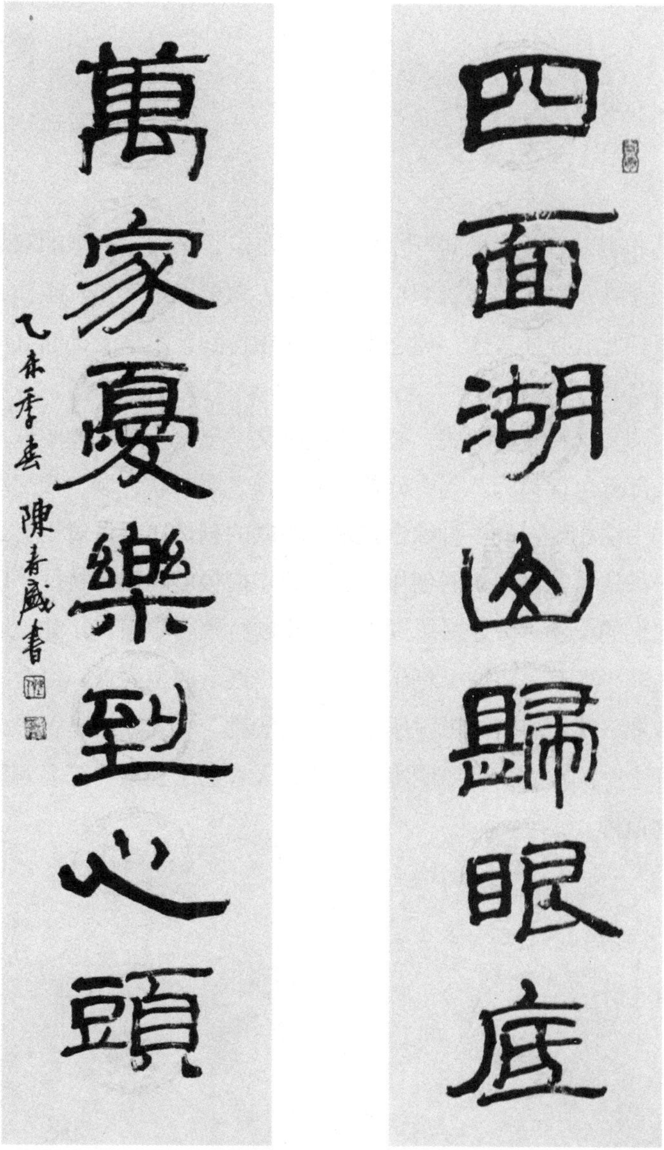

陈春盛 书

联文

事有是非明以智
位无大小在于勤

出处

佚名集《毛公鼎铭》字帖联

读联随笔

“事有是非明以智”，世间万物是非曲直难辨，必须用智慧的双眼明辨是非；“位无大小在于勤”，不管职位高低贵贱，只要勤奋学习、工作，就能实现自身的价值。此联抒怀言志，读之不但会从中得到艺术享受，而且可以得到启迪、激励和鞭策。

楹联是中国文学特有的形式，被誉为我国文学皇冠上的一颗明珠。它是律诗的中心组成部分（律诗为八句，分首、颔、颈、尾四联，颔、颈二联须用对仗），又是和书法相结合的一种综合艺术。对联的创作过程是对语言最精辟的提炼。作为一种语言艺术，对联创作必须充分掌握极度的概括特征，以最精练的形式唤起人们的美感。大题材可以大写，小题材则要小写。正如此联，文字对仗，内容关联，尤其是下联，指出不管职业贵贱、职位高低，每个人都要认真、勤奋、敬业，才能有所成就。所谓“天道酬勤”“天才就是百分之九十九的汗水加百分之一的灵感”“聪明出于勤奋，天才在于积累”等名言警句，说的都是一样的道理。

（明纯）

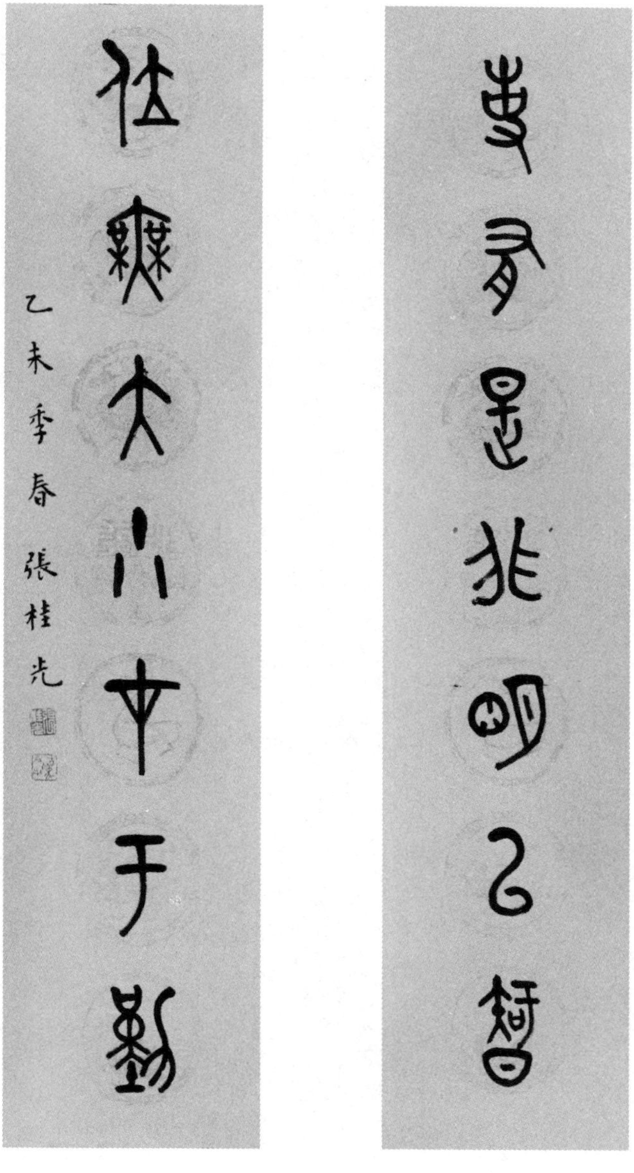

张桂光 书

敬业

敬　业

全国各族人民都要向劳模学习，以劳模为榜样，发挥只争朝夕的奋斗精神，共同投身实现中华民族伟大复兴的宏伟事业。

——习近平2013年4月28日在同全国劳动模范代表座谈时的讲话

联文

做事须用十分力
闲谈毋过五分钟

出处

沈钧儒自箴联

读联随笔

这是爱国民主人士、法学家沈钧儒的一副自箴联。沈钧儒系浙江嘉兴人，早年留学日本法政大学，回国后参加辛亥革命、二次革命、护法运动。1933年参加中国民权保障同盟。1935年，他与宋庆龄等发起并组织了全国各界救国联合会，积极开展抗日救亡运动，触怒当局而遭入狱，为著名的“七君子”之一。抗战爆发后获释。之后，他为反对内战、争取和平，建立和扩大爱国统一战线做出了很大贡献，是中国民主同盟的创始人之一。新中国成立后，历任最高人民法院院长、全国政协副主席、全国人大常委会副委员长和民盟中央主席等职，被誉为“民主人士左派的旗帜”“爱国知识分子的光辉榜样”。

沈钧儒青少年时，即十分注重个人道德的修养。家庭环境熏陶着他的思想品德，影响着他的一生。他以“做事须用十分力，闲谈毋过五分钟”自勉，体现的正是一种勤勤恳恳、脚踏实地、爱岗敬业的崇高道德情操。他的一生，追求真理，要求进步，直到老年仍孜孜不倦地学习，身体力行着自己的做事信念。这对于后人，仍有非常深刻的激励意义。一个人，只有以正确的态度对待各种职业劳动，热爱自己的工作岗位，才能身心融合在职业工作中，在平凡的岗位上做出不平凡的事业。

（刘婉萍）

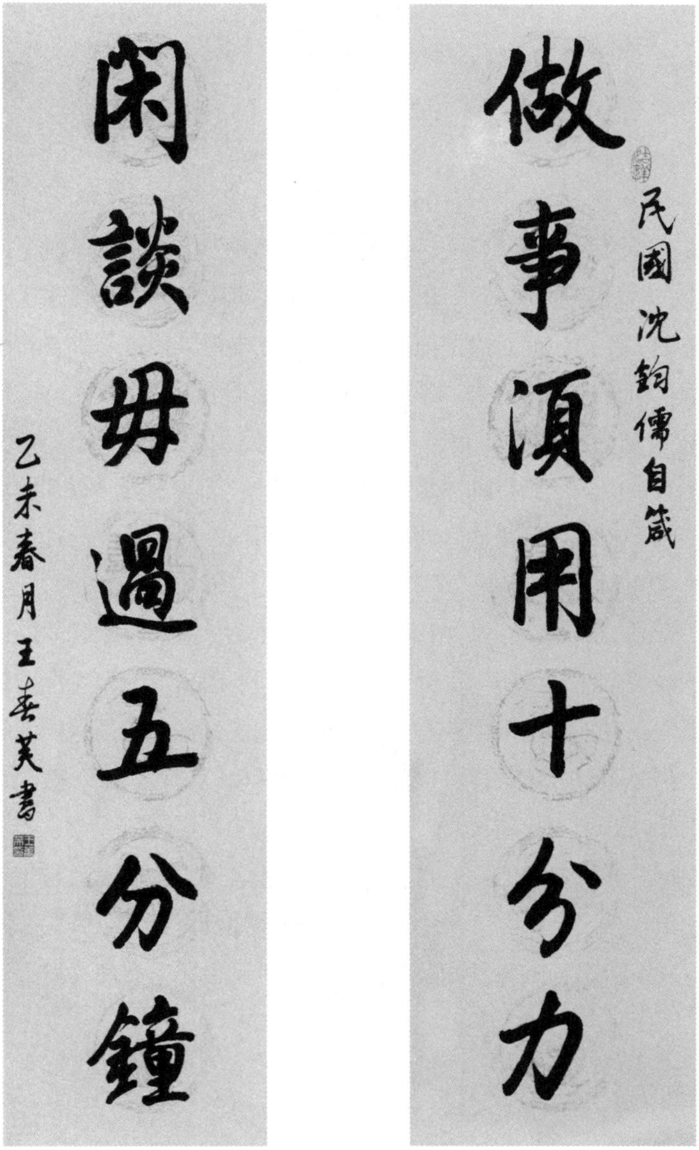

王春芙　书

联文

行是知之始
学非问不明

出处

陶行知更名联

读联随笔

中国人崇尚“行”。“三人行，则必有我师焉”，是提倡不耻下问、贤者为师的理念；“读万卷书，行万里路”，是主张读书的同时要注重实践；诗人屈原徘徊于汨罗江边，面对迷茫前路，苦吟“路漫漫其修远兮，吾将上下而求索”的绝唱。可见历来的真知，都在于不断“上下求索”。

近代教育家陶行知早年信奉王守仁“知始行成”的学说，便改名“知行”，后在实践中认识到行动才是真知的开始，故又改名为“行知”。他为此写了这样一副言志联“行是知之始，学非问不明”，表明了他向社会学习、向自然学习的求知观。

上联“行是知之始”，是说行动是求知的开始，只有行动，才能达到真知的彼岸；下联“学非问不明”，强调学问是“问”出来的，师者释疑解惑，学者要善于提问，在不断探求中获得真知。陶行知是这样说也是这样做的，他留学回国后，创办乡村师范学校，提出“社会即学校”“教、学、做合一”等口号，为中国教育开了一代新风。

从“知行”到“行知”，是自我的超越。著名诗人、作家张光年有感于陶行知更名之事，撰了一联：“行知深知行不易，知行再行知更难”。两嵌“知行”和“行知”之名，阐释“知”与“行”的关系，言之有理，发人深思。

（陈继平）

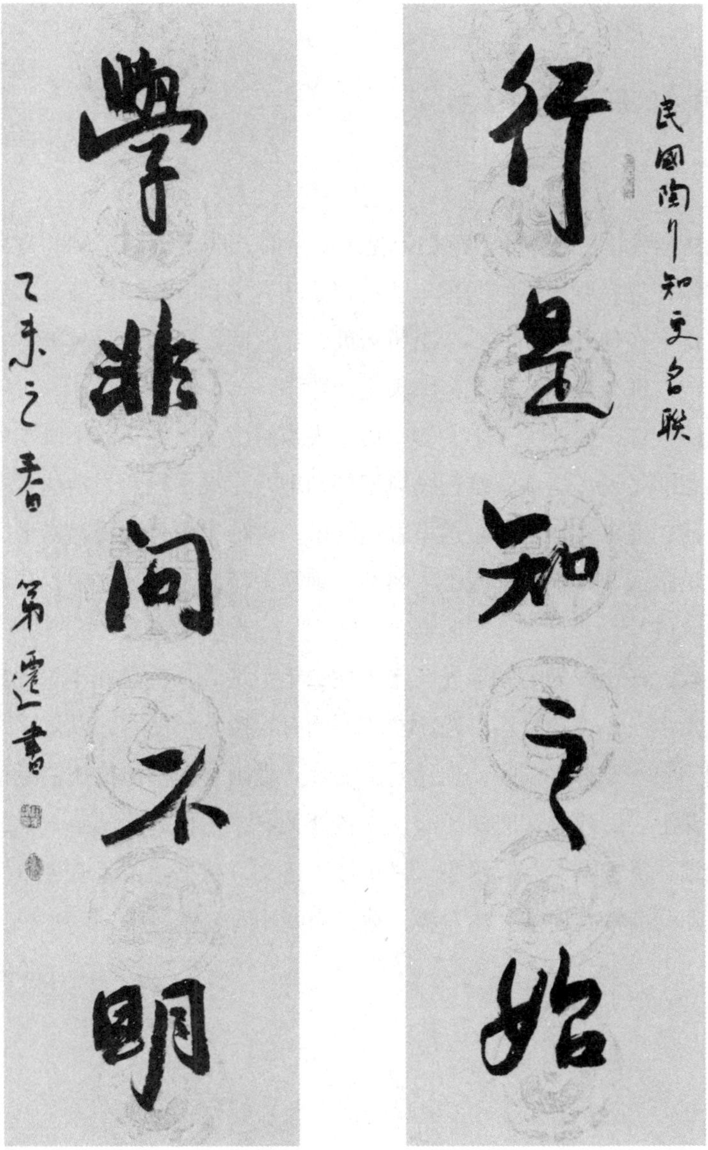

陶第迁 书

联文

人当居廉让之地
辞不以富丽为工

出处

清·许正绶集《千字文》联

读联随笔

《南史·胡谐之传》载，范柏年见宋明帝时，明帝谈到广州的贪泉，因问柏年："卿州复有此水不？"柏年答："梁州有文川、武乡、廉泉、让水。"又问："卿宅在何处？"答："臣所居廉、让之间。"明帝叹其善答。后因以"廉让"或"廉泉让水"指风俗淳美之地。

清代诗人许正绶在《千字文》中集"人当居廉让之地，辞不以富丽为工"一联，其意即是说，居住要选在民风淳朴的地方，说话只要表情达意即可，无需虚夸矫情、追求文艳富丽。这里表达的是一种朴实本色和脚踏实地的人生态度。不论是做人、做事，都应不求名利，勤勉工作，在平凡之中收获充实、满足和快乐。

据记载，许正绶为清朝道光二年（1822年）举人，道光九年（1829年）中进士，道光十一年（1831年）选任浙江湖州府教授。到任后，以复兴学校为己任，在湖州原安定书院祠中，创建爱山书院。爱山书院模仿杭州诂经精舍，以经解古学课士。后建议知府胡泽沛设立各处义塾，招收贫苦子弟入学，并修葺文庙明伦堂，赏加国子监监丞衔。许正绶工诗文，善书法，著有《重桂集》11辑、《国朝两浙校官诗录》18卷等，被称为湖州府名宦。

（刘婉萍）

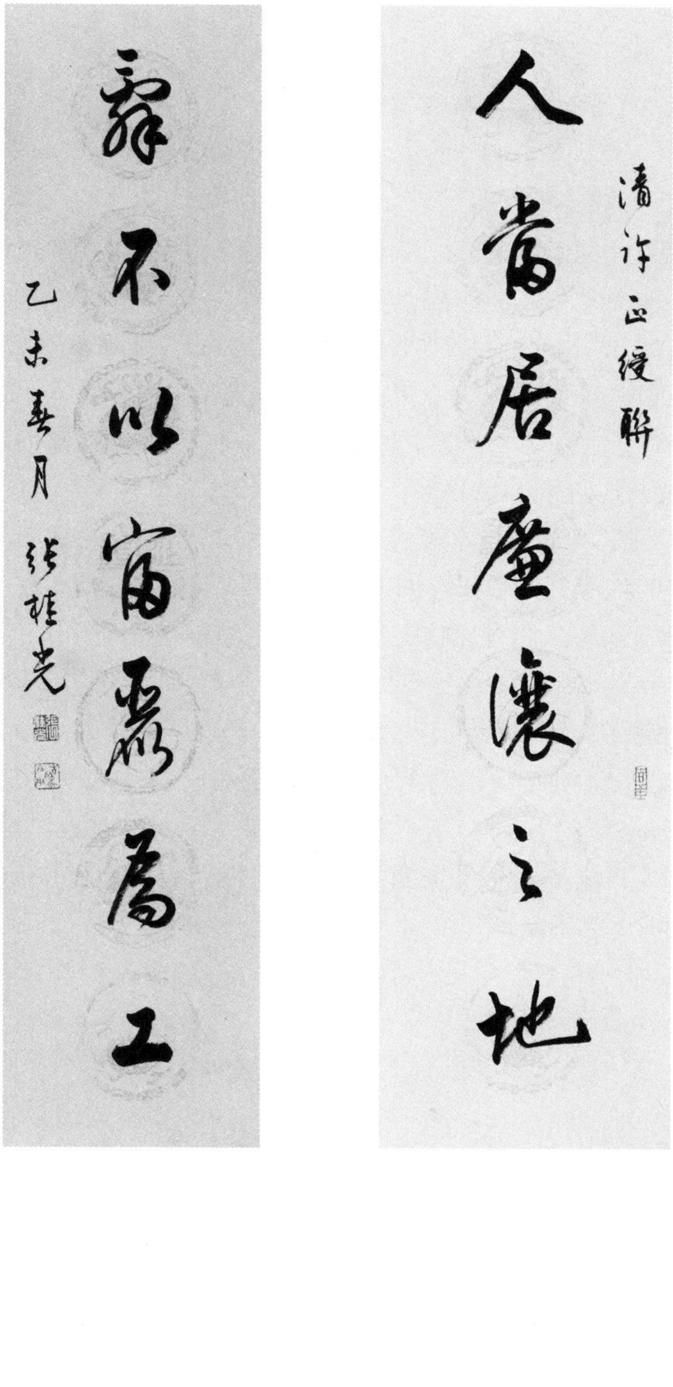

张桂光 书

联文

和乃不流有定节
敏而好学无常师

出处

清·俞樾集《曹全碑》字帖联

读联随笔

“和”是中华文化的精髓之一，体现的是儒家仁爱和谐的精神。为人处事也不能仅靠一味地“和”，还要在纷乱的世俗中坚持自己的操守。俞樾集联中“和乃不流有定节”说的正是既要和而能容，有容乃大，但又不能随波逐流、丢失主见的道理。不单如此，在工作和学习中还要肯学、好学、下功夫钻研，不能固守一家之言。要知道“学无常师”，术业有专攻，哪怕是普普通通的人，也能从他们身上学到东西。

俞樾为清末著名学者、文学家、经学家、古文字学家、书法家。清道光三十年（1850年）进士，曾任翰林院编修，后受咸丰皇帝赏识，放任河南学政，被御史曹登庸劾奏“试题割裂经义”，因而罢官，遂移居苏州，潜心学术达四十余载。治学以经学为主，旁及诸子学、史学、训诂学，乃至戏曲、诗词、小说、书法等，可谓博大精深。海内及日本、朝鲜等国向他求学者甚众，尊之为朴学大师。俞樾的楹联作品，主要分为两大类：一是创作联，共6卷，即《春在堂楹联录存》5卷、《春在堂挽言》1卷；另一类是集联，共有8种，《曹全碑集字联》为其中之一，原碑为汉隶，全书收联97副，自五言至二十五言不等，其中七言占62副。

（刘婉萍）

关则驹　书

联文

宝剑锋从磨砺出
梅花香自苦寒来

出处

佚名题南开大学范孙楼联

读联随笔

许多人喜欢以此联自勉，希望通过艰辛努力抵达成功彼岸。诚然，“天将降大任于斯人也，必先苦其心志，劳其筋骨，饿其体肤，空乏其身，行拂乱其所为，所以动心忍性，曾益其所不能”（《孟子·告子下》）。

“宝剑锋从磨砺出”与欧阳修的“坚金砺所利”之说意思相近。如果以剑喻人，那么宝剑就如同人杰，锋利就好比才干，而才干来自社会实践的艰苦磨炼。磨剑必须反复摩擦，方能锋利。若剑有知，不亦是经历着一番动心忍性的磨炼吗？社会优秀人才有时被埋没并不奇怪，但只有经过艰苦磨炼才能成为优秀人才却是放之四海而皆准的至理。

下联咏梅花。梅花独自飘香于冰天雪地的严寒荒野，这在百花世界中，即便是牡丹、兰花、菊花等也弗能比拟。严寒中，梅花自身独有的冷艳奇芳感动天地，而何况于人乎？于是，梅花的清高最能引人产生共鸣，有关梅花的诗文也很受人们好评，如崔道融的“香中别有韵，清极不知寒”、朱熹的“故山风雪深寒夜，只有梅花独自香”等。特别是陆游赞梅的诗词，更是写出了梅的傲骨：“雪虐风饕愈凛然，花中气节最高坚。过时自合飘零去，耻向东君更乞怜。”所有这些，都在赞叹梅花香如君子美德，节如志士仁人。百花世界，因有梅花，四季芬芳才不会间断；人类社会，因为无所畏惧的仁人志士者不绝，才谱写出了波澜壮阔的历史篇章。

“天生我材必有用”，此联用于大才大德最当，然大才大德也是小才小德所积累质变而来，是以，世人均可以此联自勉。

（林泽浩）

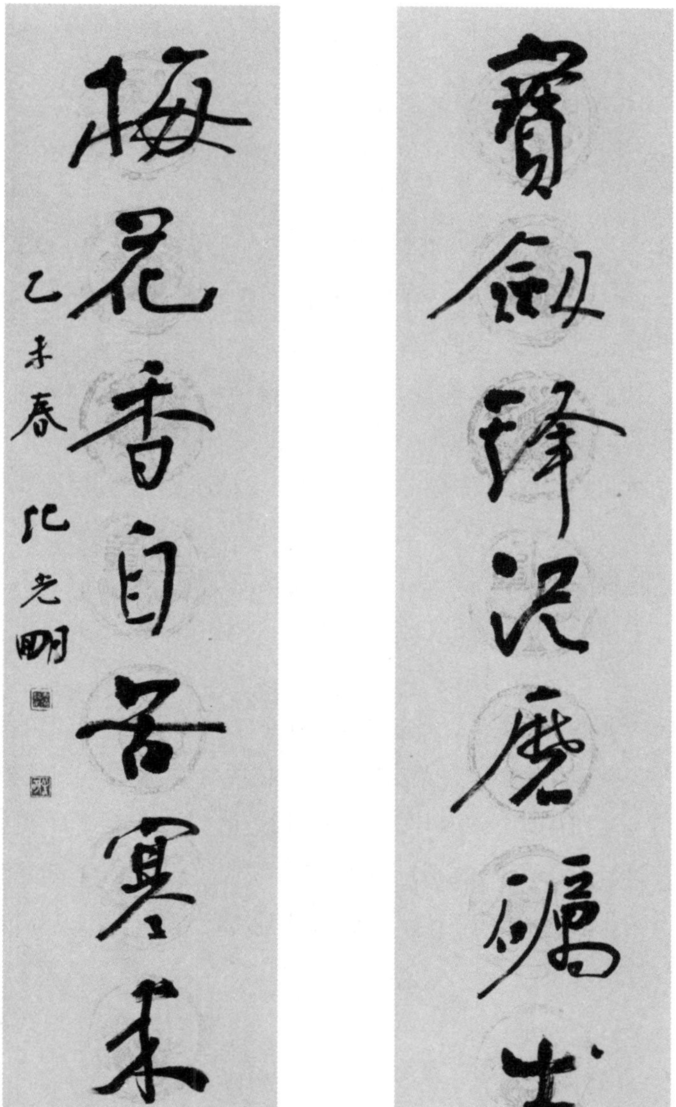

纪光明 书

联文

工善其事，必利其器
业精于勤，而荒于嬉

出处

民国·宾步程题岳麓书院讲堂集句联

读联随笔

坐落在湖南长沙岳麓山坡的岳麓书院，创办于北宋，为中国四大书院之一，历经宋、元、明、清至今，沧桑千年，弦歌不绝。由于岳麓书院学风严谨，规模和影响日益扩大，因此受到了各朝最高统治者的重视，宋真宗、宋理宗、明世宗、康熙帝、乾隆帝都曾为书院御书匾额。书院三门楹联即为“工善其事，必利其器；业精于勤，而荒于嬉”，是近代湖南公立工业专门学校迁入岳麓书院办学时，校长宾步程所撰。上联出自《论语·卫灵公》：“工欲善其事，必先利其器。”下联出自唐·韩愈《进学解》：“业精于勤，荒于嬉。”意思是说，工匠想要使他的工作做好，一定要先让工具锋利；学业想要精深在于勤奋，而荒废在于贪玩。以此告诫学生在做人的态度和处事的作风上不能懈怠，必须精益求精，注意方法。

宾步程1879年出生于湖南，青年留学德国，最初学习陆军。但他深知“兵战不如商战”，决心利用德国在第二次世界科技革命中崛起、工业技术雄踞世界前列这一得天独厚的优越条件学习机械工程。他刻苦攻读8年，其间还参加实习和考察，足迹遍及欧洲20余国。学成归国后他追随孙中山奔走革命。辛亥革命后致力于实业，于1914年出任湖南公立工业专门学校校长，历时10年，培养了大批工程技术人员。

（刘婉萍）

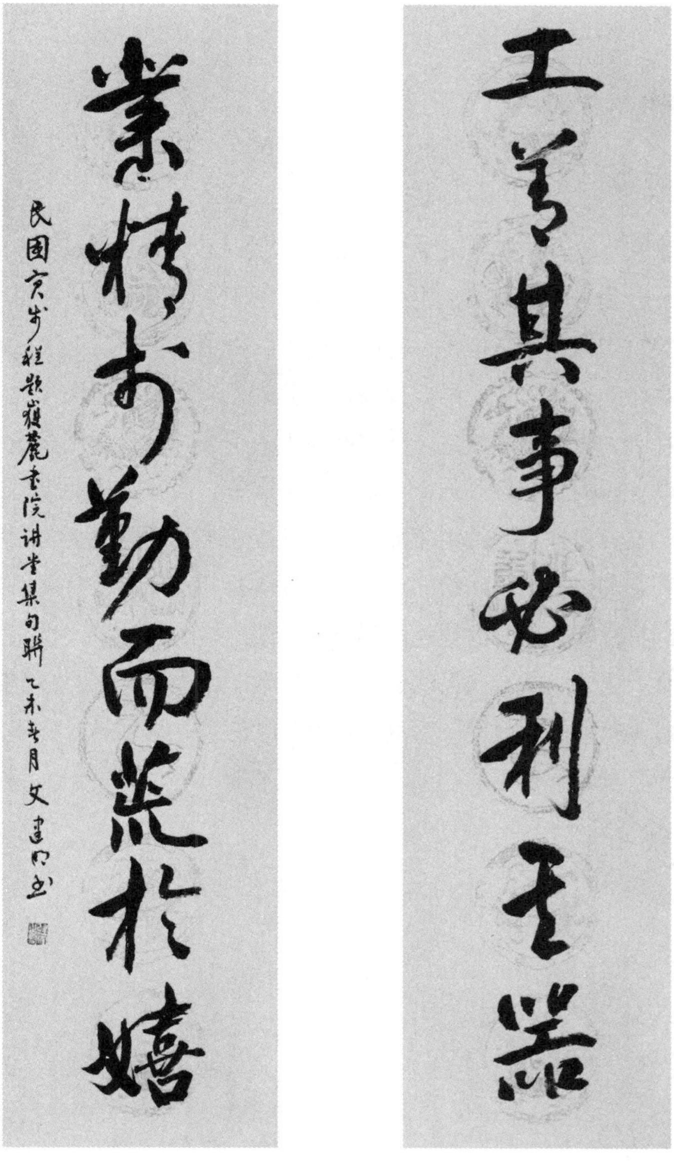

文建明　书

联文

三六九品品品皆公仆
七十二行行行出状元

出处

当代·许月华应对联

读联随笔

东汉史学家、文学家班固把古今人物归入其《汉书·古今人表》的“九品量表”之中，分为上（上智）、中（中人）、下（下愚）三等。在每个等级中又分为上上、上中、上下，中上、中中、中下，下上、下中、下下三等。

在等级森严的奴隶社会、封建社会，人分为三六九等，但现今我国已经进入社会主义社会，人民当家做主，法律面前人人平等，没有高低贵贱之分。不管从事何种职业，不论职位高低，都是为人民服务。而且，只要脚踏实地，做一行爱一行，充分发挥自己的主观能动性，就能在平凡的岗位上功成名就。

世界是多彩的，生活是缤纷的。社会需要陶行知这样的教育家，鲁迅这样的文学家，同样需要李谷一这样的歌唱家，郎朗这样的钢琴家，也需要姚明、刘翔这样的体育人才。找准自己的位置，爱岗敬业，人尽其才，必定能够“发光发热”，成为行业的“状元”。这应该就是“三六九品品品皆公仆，七十二行行行出状元”给我们留下的启示。

（刘婉萍）

许固令 书

联文

有毅力，有耐力，万般有望
无信心，无恒心，一事无成

出处

马景波自题联

读联随笔

这是一副意思较为浅显的自题联，说的却是一个亘古不变的真理：无论是工作、学习或是做什么事情，都必须有始有终，持之以恒，不放弃，不气馁，那么再大的难事也有解决的一天；但如果“三天打鱼，两天晒网”、见异思迁，一碰到问题便垂头丧气，失去继续奋斗的勇气，那就终将一事无成。

类似的例子自古至今多不胜数。春秋时越国国王勾践战败，被押往吴国做奴隶，忍辱负重三年得以回国，后卧薪尝胆，发愤图强，历经多年终于灭了吴国。如此艰难的复国大业，勾践尚且能凭借非凡的毅力和耐力最终一洗国耻，对于普罗大众而言，面对日常生活中的小挫折，工作、学习上的小难题，又怎么能够轻易退缩呢？依然还是这句话：“有毅力，有耐力，万般有望；无信心，无恒心，一事无成。”

（刘婉萍）

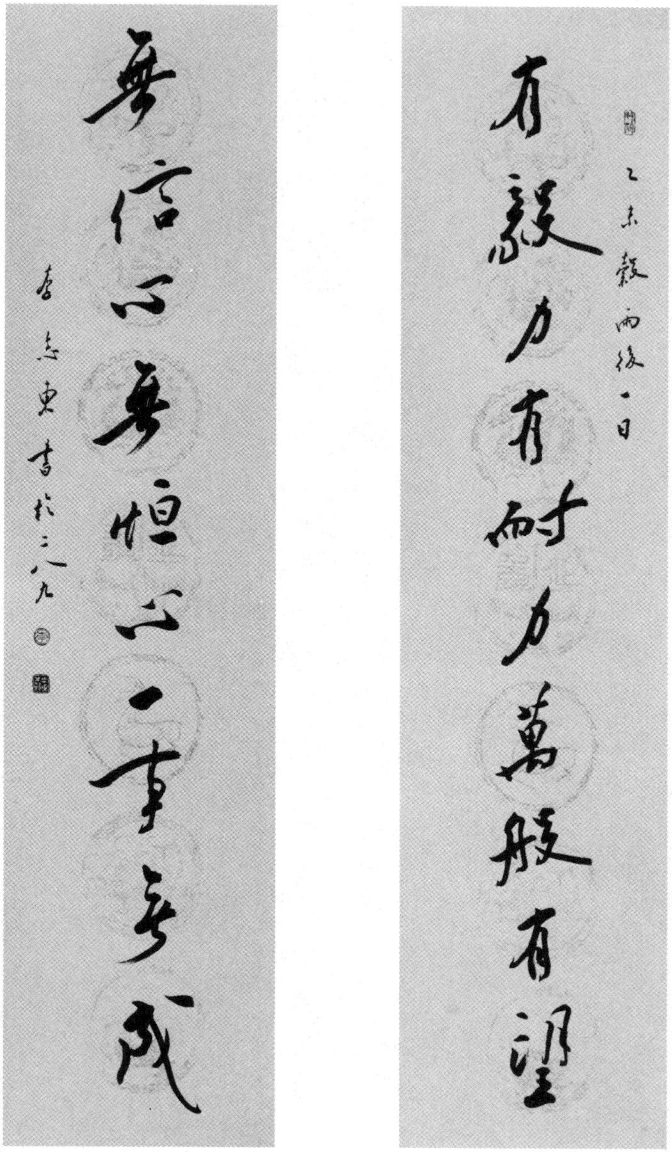

李志东　书

诚信

诚 信

深入挖掘和阐发中华优秀传统文化讲仁爱、重民本、守诚信、崇正义、尚和合、求大同的时代价值，使中华优秀传统文化成为涵养社会主义核心价值观的重要源泉。

——习近平2014年2月24日在中共中央政治局第十三次集体学习时的讲话

联文

计利当计天下利
求名应求万世名

出处

于右任赠蒋经国联

读联随笔

“计利当计天下利，求名应求万世名”，这句话是民国元老、著名书法家于右任先生1961年题赠蒋经国的条幅。

于右任（1879—1964），中国近现代政治家、教育家、书法家。辛亥革命先驱、国民党元老，曾担任南京国民政府审计院院长、监察院院长等职；复旦大学、上海大学、西北农林科技大学的创办人、校长，中国近现代高等教育重要奠基人之一。1949年时，被蒋介石派人挟持到了台湾。1961年11月，于右任仍想努力促成祖国之统一，特撰写了这副对联送给蒋经国。联语明白晓畅，但含义深刻，以圣贤之道的名利观，鼓励蒋氏从民族的长远利益和国家的前途出发，“计天下利”“求万世名”。

诚然，要求每个人都如圣贤般“计天下利”“求万世名”，难免有假大空之嫌，然而，对于掌握着或大或小权力的各级行政干部来说，这14字箴言，应该是座右铭，是“为官之道”；反之，为一己之利徇私舞弊枉法贪赃，必将身败名裂，遭到唾弃。

“计利当计天下利”，2013年10月3日，习总书记访问印尼时，在印尼国会演讲中引用这句话，表达了同东盟国家共享机遇、共迎挑战，实现共同发展、共同繁荣的愿景。中国文化传统的精髓，穿越时空，在国际政治舞台上散发出独特的隽永魅力。

（洪韩）

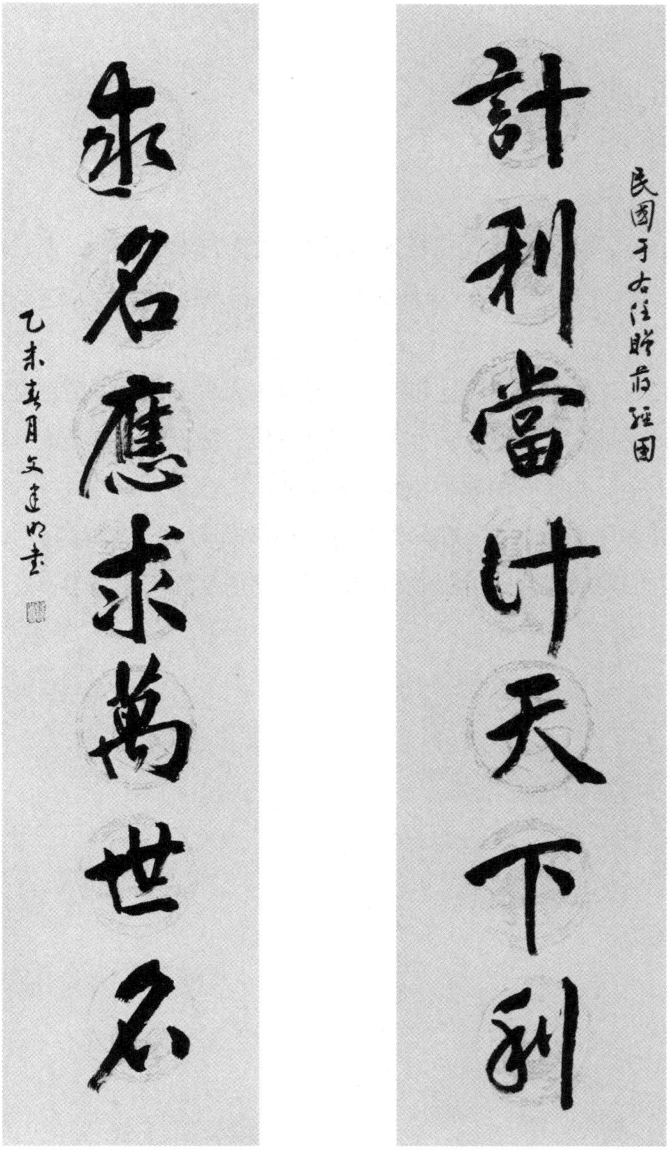

文建明　书

联文

任之必专，信之必笃
物尽其用，人尽其才

出处

佚名集句联

读联随笔

“任之必专，信之必笃”出自宋·欧阳修《为君难论上》，大意是说，用人必须专一，不可心存疑惑；信任必须深厚，应该坦诚坚定。这里强调的是“诚信”二字。

“任之必专，信之必笃”这句话当然是对用人者说的。所谓“疑人不用，用人不疑”，就是这个道理。一个人如果被信任、被重用，就会充分发挥主观能动性，而不必前怕狼后怕虎小心翼翼如履薄冰。

“人尽其才”出自西汉·刘安《淮南子·兵略训》。“物尽其用，人尽其才”，提醒人们要细致入微了解人和物，充分利用其作用和潜力，发挥最大的效益。

（洪韩）

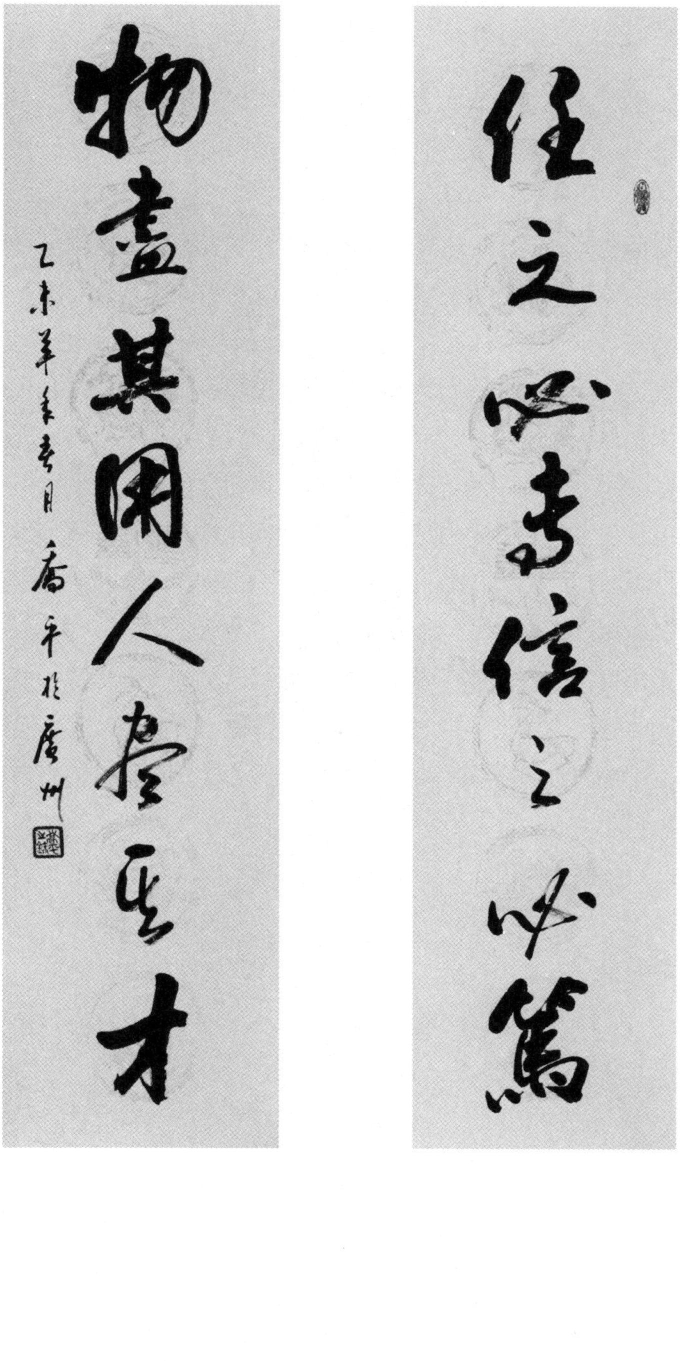

乔平 书

联文

立身以至诚作本
读书唯明理为先

出处

清·爱新觉罗·胤禛（雍正）题上书房联

读联随笔

该联出自清代爱新觉罗·胤禛（雍正）题上书房楹联。据顾平旦等《北京名胜楹联》载，原联上下联第三字均作“以”字，第六字均作“为”字。

清朝在康雍乾时期，文治武功，盛极一时，号称“康乾盛世”，有学者称，能够实现这种局面，原因固然很多，但与康熙、雍正、乾隆几代皇帝本身的素质、见识和作为密不可分，而这些又得益于他们的善于学习，既能博览群书，又能学以致用。他们自幼苦读，在位期间仍勤学不辍。他们对皇子有着严格的教育制度，皇宫内设有上书房，皇子们六岁开始入上书房就师学习，每日凌晨5点前开始早读、上课。雍正还专门题写了楹联“立身以至诚作本，读书唯明理为先”，用以教育皇子们加强修身，以承继大统。

其实，无论贵为皇胄，或是寻常百姓，都可以从中得到提醒：做人要以诚信作为最起码的宗旨，读书要把明白事理放在首位。如此，才能在实践中不断完善自己，在正确的世界观和人生观的指导下，去实现自我，超越自我。

（洪韩）

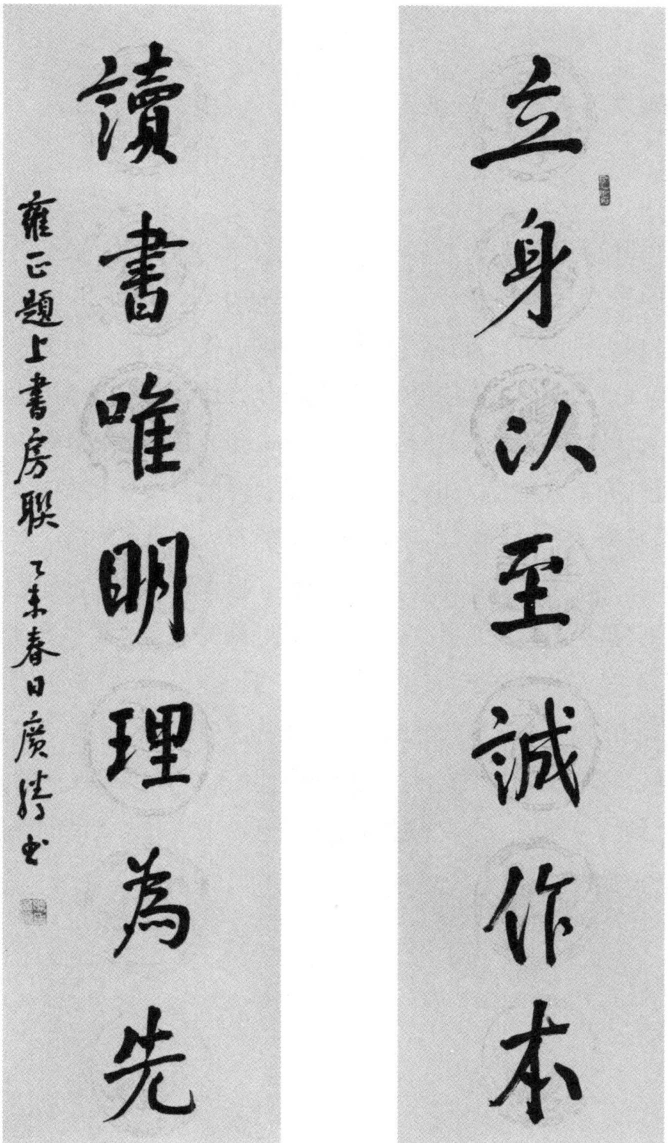

陈广腾　书

联文

功名盖世不矜伐
道德积身唯敬诚

出处

清·何绍基集《争座位帖》联

读联随笔

联文意为即使功绩名声天下第一也不自大自夸，即使德行很高仍要保持敬畏诚实之心。

罗荣光（1833—1900）为清末将领，是中国近代史上的一位民族英雄，其任天津总兵镇守京津门户之大沽口炮台长达30年，使大沽防御体系达到了历史上的鼎盛时期，被誉为“天下第一海防”。1900年，八国联军侵略中国，此时罗荣光已被提升为新疆提督，却请求留守大沽，并以“人在大沽在，地失血祭天”的誓言鼓励将士。由于清政府腐败无能，官军大多不堪一击。罗荣光却以67岁高龄率领三千兵勇，誓死保卫大沽口炮台，后因兵力悬殊，弹尽援绝，壮烈殉国。“功名盖世不矜伐，道德积身唯敬诚”和另一副对联“碧血沃华土，丹心答圣朝”就是人民对英雄的崇高评价。

由对联引发，搜寻细读罗荣光的事迹，很为之感动：一个原可以远离危险和炮火的老人，却在国家危难之时，忠诚于国家和人民，视死如归，慷慨捐躯，确乎感天地泣鬼神！一个人忠或奸，善或恶，美或丑，人民的评价总是公正的，历史的评价也是公正的。

（洪韩）

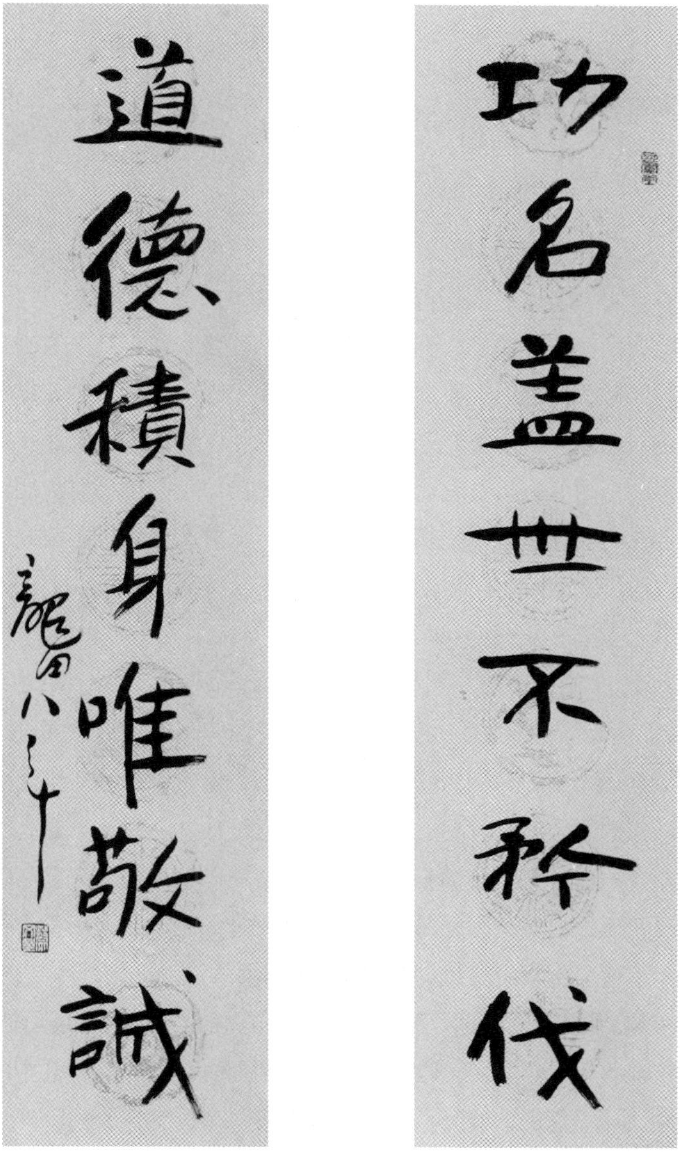

蔡文星 书

联文

经营不让陶朱富
贸易常存管鲍风

出处

佚名题商业联

读联随笔

这副商业联，开宗明义，仅仅14字，把经营贸易的两桩轶闻自然地糅合在一起，用事实点明诚信是经商的首要，内涵非常丰富。

上联主旨为，经营得法，自然会财源滚滚，而至大富。范蠡在辅佐越王勾践灭吴复国后，便弃官远去，后居于陶（今山东定陶），称朱公，以经商致巨富。据《史记·越王勾践世家》记载，范蠡在陶经商致富，“十九年之中，三致千金”，其后再“分散与贫交疏昆弟，此之谓富好行其德者”。历代商人之所以对这位驾驭财富得心应手的陶朱公顶礼膜拜，尊为商圣，不仅是因为他善于聚财，还因他乐于散财，又肯助人发财。陶朱公的经商技巧和商业道德，已被历代商人奉为圭臬。

下联主旨为，做生意不可唯利是图，而应真诚待人，广交朋友。《史记·管晏列传》记载了“管鲍之交”的故事：“管仲曰：‘吾始困时，尝与鲍叔贾，分财利多自与，鲍叔不以我为贪，知我贫也。吾尝为鲍叔谋事而更穷困，鲍叔不以我为愚，知时有利、不利也。吾尝三仕，三见逐于君，鲍叔不以我为不肖，知我不遭时也。吾尝三战三走，鲍叔不以我为怯，知我有老母也。公子纠败，召忽死之，吾幽囚受辱，鲍叔不以我为无耻，知我不羞小节，而耻功名不显于天下也。生我者父母，知我者鲍子也。’”可见，管鲍之交，贫贱不移；管鲍相知，贵相知心。后来，人们就用“管鲍之交”喻知心朋友。

陶朱公和鲍叔牙重信义，轻物利，不为小利而失大节的精神对中国商人影响很大，华侨领袖陈嘉庚、蚁光炎等，身藏陶朱之术，胸怀管鲍之风，艰苦创业，终成一方巨贾，且始终爱国爱乡，在民族利益面前，坚守信义，不愧是中国商人的楷模。

（郑才中）

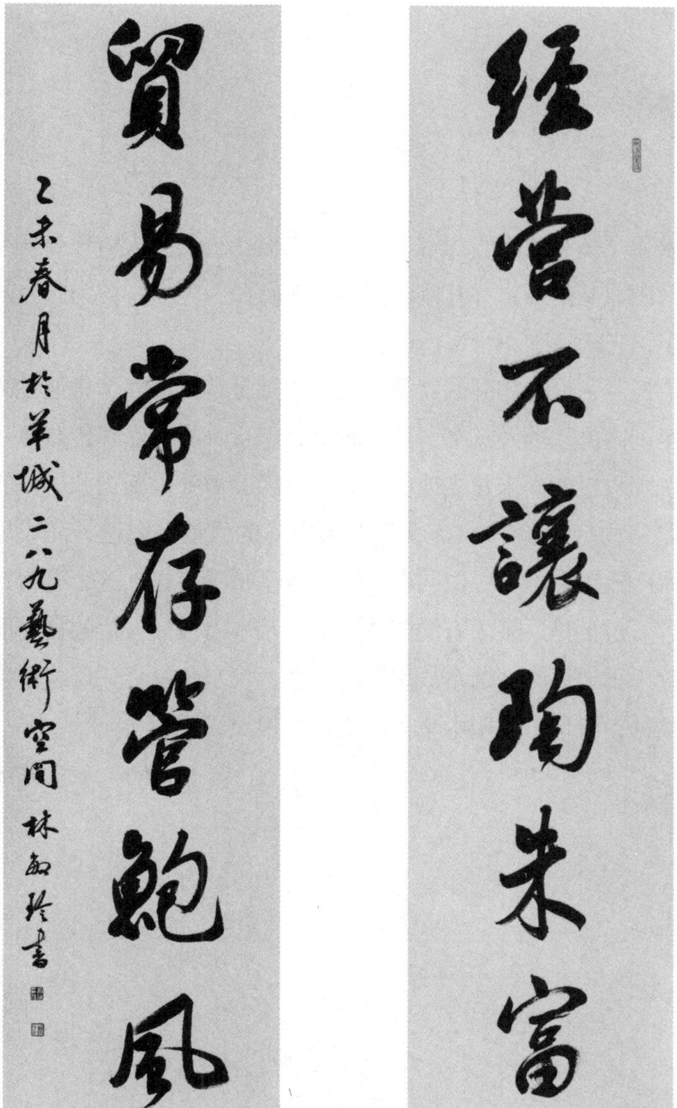

林敏玲 书

联文

始终不负人所托
交易全以信为归

出处

佚名题信托公司联

读联随笔

上下联嵌入“信”“托”二字，联文点出信托公司受人信任委托财物、代为管理和经营的业务范围，并且阐明“不负人所托”“全以信为归”的服务宗旨，短短14字，言简意赅，含义透彻。

说到“信托”，最先想到的就是侨批。侨批是昔日海外华侨通过海内外民间机构汇寄至国内的款项及家书，是一种信、汇合一的特殊邮传载体。中国迄至清末，金融邮政机构尚未建立或极不完善，因此海外侨胞捎回家乡的款项和信息，主要是经由 “水客”“客头”及海内外的侨批馆递送，而最早托往家乡的第一笔血汗钱银，多是经由同在异国的乡亲捎带传送。这个过程，被委托传达“番批”（侨批是后来才有的叫法）的，都本着最最诚信的良心而“不负人所托”。这里不说侨胞“情系故里”的一面，仅是侨批传递反映出来的“笃诚守信”的精神，就足以说明中华传统文化的根深积厚。

（洪韩）

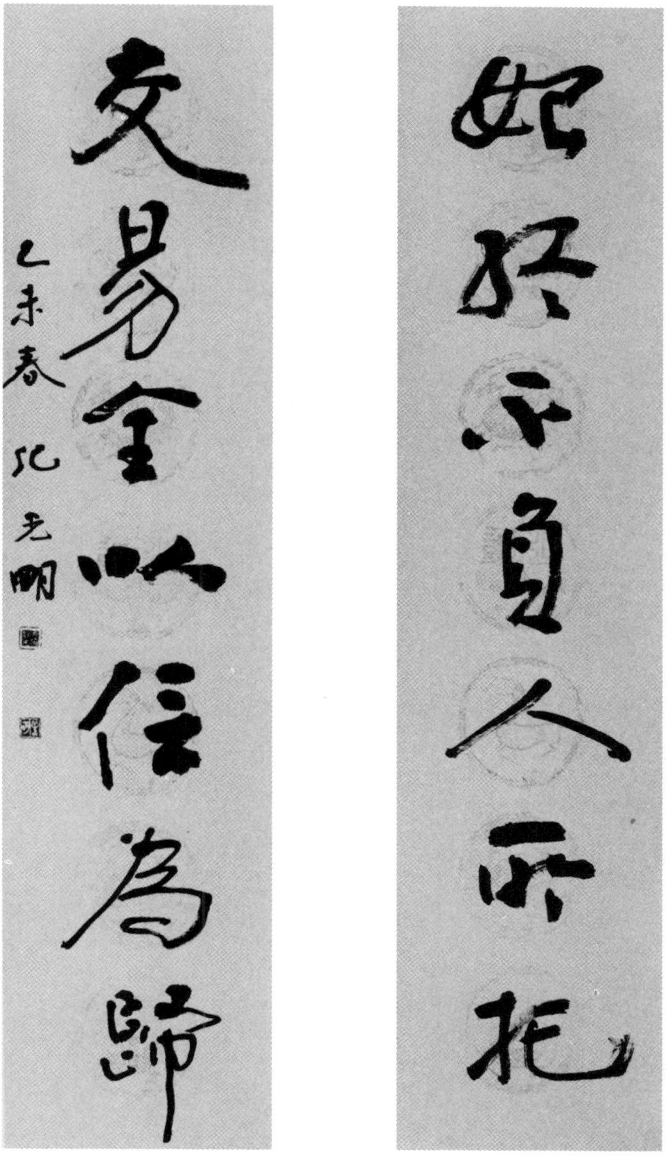

纪光明 书

联文

忠诚守信人方立
求实有恒事乃成

出处

当代·冯广鉴自题联

读联随笔

“实”，即对客观实际的正确认识，也可理解为真理。对联说的是为人处事的道理：一个人要诚实守信才能立身处世，追求真理要坚持有恒才能成功。

冯广鉴，原任中共济宁市委副秘书长、济宁市委研究室主任，现为朱复戡艺术研究会会长、中国楹联学会常务理事、中国楹联书法艺委会委员。幼时习书法，师承金石书画大师朱复戡教授。

记得曾有一篇文章，大意是文化不高但喜欢舞文弄墨的人，常会被讥讽为“附庸风雅”，但是“附庸风雅”总比“附庸”黄赌毒的好。确实一个人，若都在工作之余“附庸风雅”，诚心弄点诗词歌赋、琴棋书画，陶冶性情，提高道德修养，传播文明正气，有何不好呢？

（洪韩）

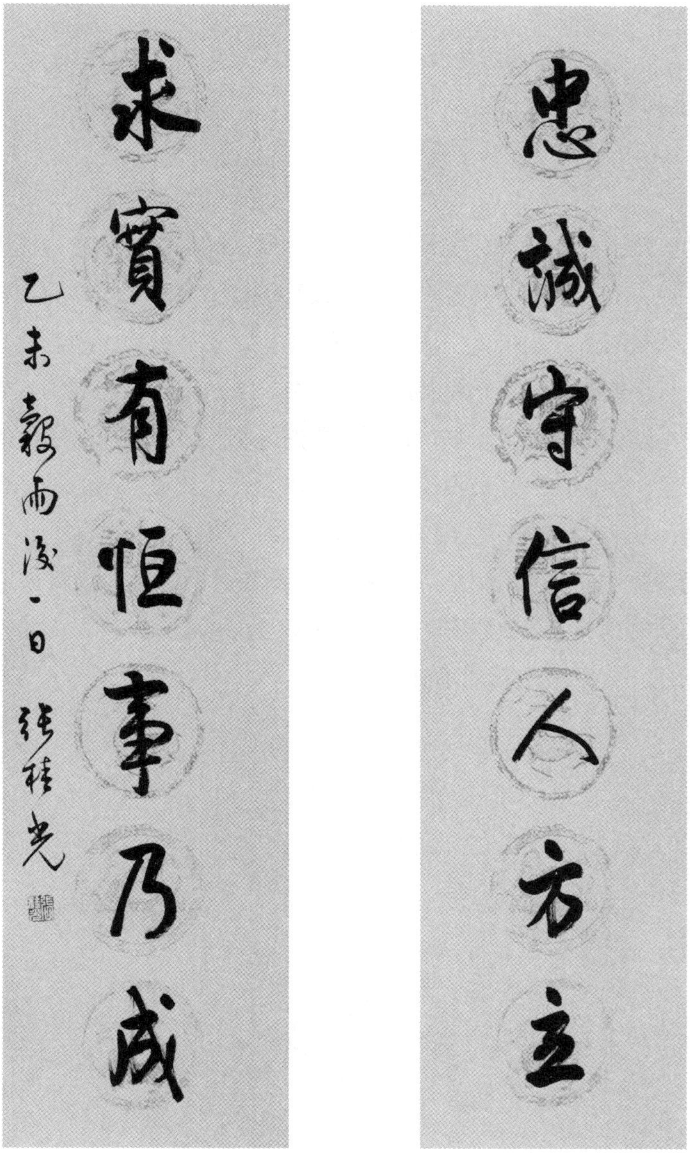

张桂光 书

联文

世路畅行诚作马
坚城易破信为军

出处

当代·王庆新改联

读联随笔

红楼梦第四回有句：世路难行钱作马，愁城欲破酒为军。意为世事艰难。很多事行不通，有钱就能像骑着马一样顺畅行走；愁绪浓浓像坚城一样，只有用酒作为军队来破解。当代人王庆新（1948年生，嘉祥县人，现为北京华夏诗联书画院院长）的改联，一扫原句的消极萎靡，表达出积极达观的人生理念：以诚实作为马匹，就能在世上畅行；以信用作为军队，就没有攻不破的城堡。

当今社会，“诚信”是被说得最多的词语之一。“诚”指的是一个人真诚的内在道德品质；“信”即信用信任，是内诚的外化。“内诚于心”“外信于人”，历来被中华民族视为自身的行为规范和道德修养。以真诚之心，行信义之事；信守诺言，诚实无欺，言行一致，表里如一。若人人如此，“世路”自会畅通，“坚城”焉能不破？

（洪韩）

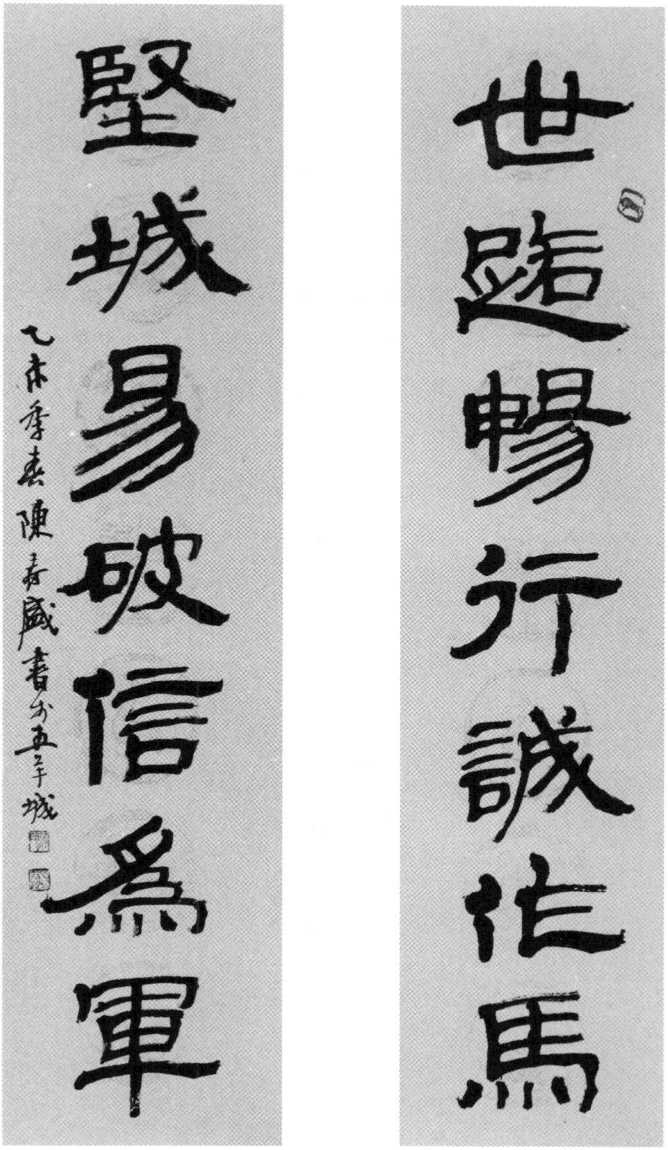

陈春盛 书

联文

温良恭俭让，让利不让本
仁义礼智信，信实休信虚

出处

佚名题天皇寺联

读联随笔

“温良恭俭让”，语出春秋·孔丘《论语·学而》，意思是温和、善良、恭敬、节俭、谦逊，原是孔子学生对孔子的称赞，后来成为传统所称的“五德”；“仁义礼智信”，意思是仁爱、忠义、礼和、睿智、诚信，是儒家提倡的“五常”。这“五德”“五常”贯穿于中华伦理的发展过程，成为中国价值体系中的最核心因素。

笔者入学读书时正逢十年动乱，根本没接触到传统文化，但偏偏于一则“最高指示”而记住了“温良恭俭让”：革命不是请客吃饭，不是做文章，不是绘画绣花，不能那样雅致，那样从容不迫，文质彬彬，那样温良恭俭让……这最后五个字读来抑扬顿挫，而内容又那么丰富优美，深深地吸引着我，直到现在。从提倡“斗争”的年代进入“竞争”年代，我一直固执地认为，当今最大的社会问题之一就是过于提倡竞争而忽视了谦让。君不见，小至公车座位，大至职位权益，争得大打出手，争得头破血流，争得身败名裂，实在令人悲哀！能谦让的人或社会必会温良，必会恭敬，所以，多学点经典，从中吸取营养，于人于家庭于社会应无不补。

（洪韩）

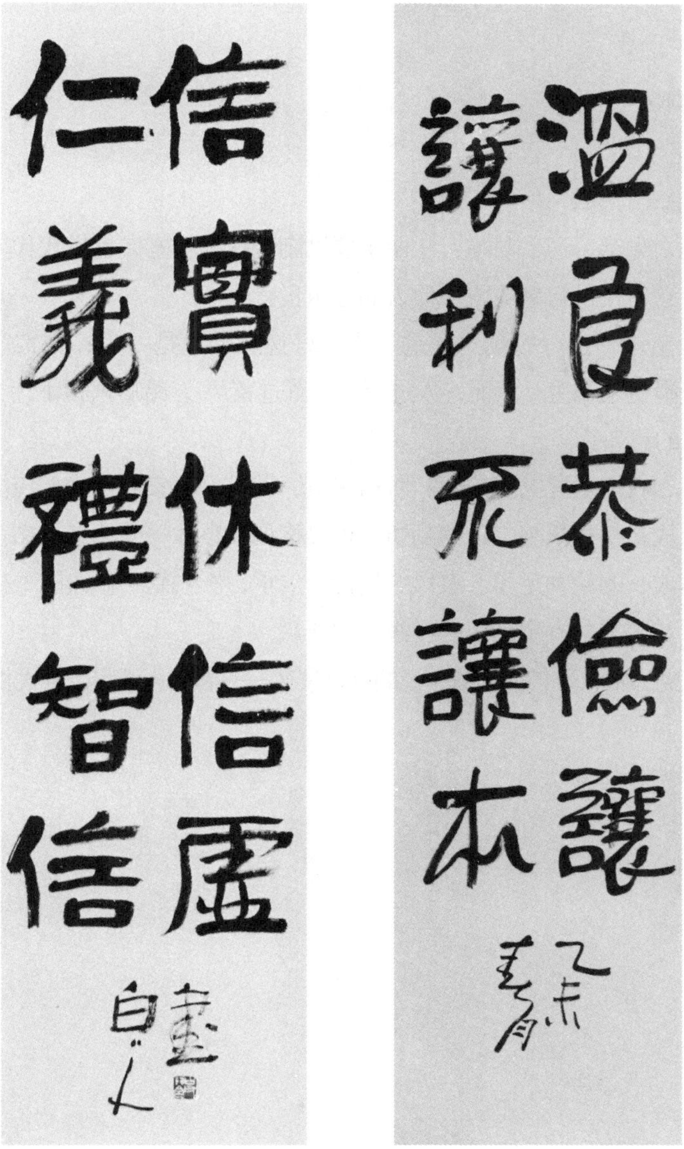

许固令 书

联文

一生勤为本
万代诚作基

出处

佚名撰联

读联随笔

该联明白如话，通俗易懂：一辈子要以勤劳作为根本，世世代代要以诚信作为基础。这是用以自勉或告诫他人的金玉良言。

人在世上走一遭，勤勤恳恳是一生，好逸恶劳也是一生；诚实守信是一生，狡诈奸猾也是一生。然而，人过留名，雁过留声 ，给后人留下什么，应该成为每个人的思考。

近年来，我们重提家风问题。所谓家风，就是一个家族代代相传沿袭下来的体现家族成员精神风貌、道德品质、审美格调和整体气质的家族文化风格，是每个个体成长的精神足印。家风的建设、传承，影响到一个人的一生、一个家庭的现状和未来、一个民族的传统与创新。

“一生勤为本，万代诚作基”说的就是家风——勤劳、诚实，世代相传。

（洪韩）

关则驹 书

友善

友 善

国无德不兴，人无德不立。必须加强社会的思想道德建设，激发人们形成善良的道德意愿、道德情感，培养正确的道德判断和道德责任，提高道德实践能力尤其是自觉践行能力，引导人们向往和追求讲道德、尊道德、守道德的生活，形成向上的力量、向善的力量。

——习近平2013年11月26日在山东考察时的讲话

联文

虚怀始能交友
素心方许读书

出处

郑逸梅格言联

读联随笔

此联作者郑逸梅先生，被誉为“补白大王”“掌故专家”。先生之所以有“补白大王”“掌故专家”之称，是因为他喜写人物典故、佚史逸闻，且资料翔实，慎持得当。而所谓补白，实则是较为短小、清新隽永的小品文，其文学史料、掌故笔记亦是值得品味之佳作。这些，一般人是难以与其匹敌的，可他谦虚地自称，他不过是位“旧闻记者”。

据逸梅先生之子郑汝德先生撰写的《郑逸梅老先生最后种种》一文记载，逸梅先生生于1895年，于1992年7月逝世，他“享年九十有八”，是位老寿星。先生于1913年开始写作，笔耕达80个寒暑，作品逾千万言，为我国写作史很长的作家。

“虚怀始能交友，素心方许读书”，这是先生的做人准则。虚怀交友，素心读书，所以先生结交遍天下，更被誉为沪上文坛名家。他还常常讲，“不与富交，我不贪；不与贵交，我不贱”“世无金窟，有之在勤山劳水之间”——先生的总结是：“凡此种种，都是我健康的内在因素。”细细想来，非常有道理。

先生毕生从事教书与写作，1965年才从学校退休，以后依旧勤奋撰文直至最后时刻。他自嘲为“爬了一世的格子和吃了一生的粉笔灰”。1989年，先生获“全国老有所为精英奖”。

（明纯）

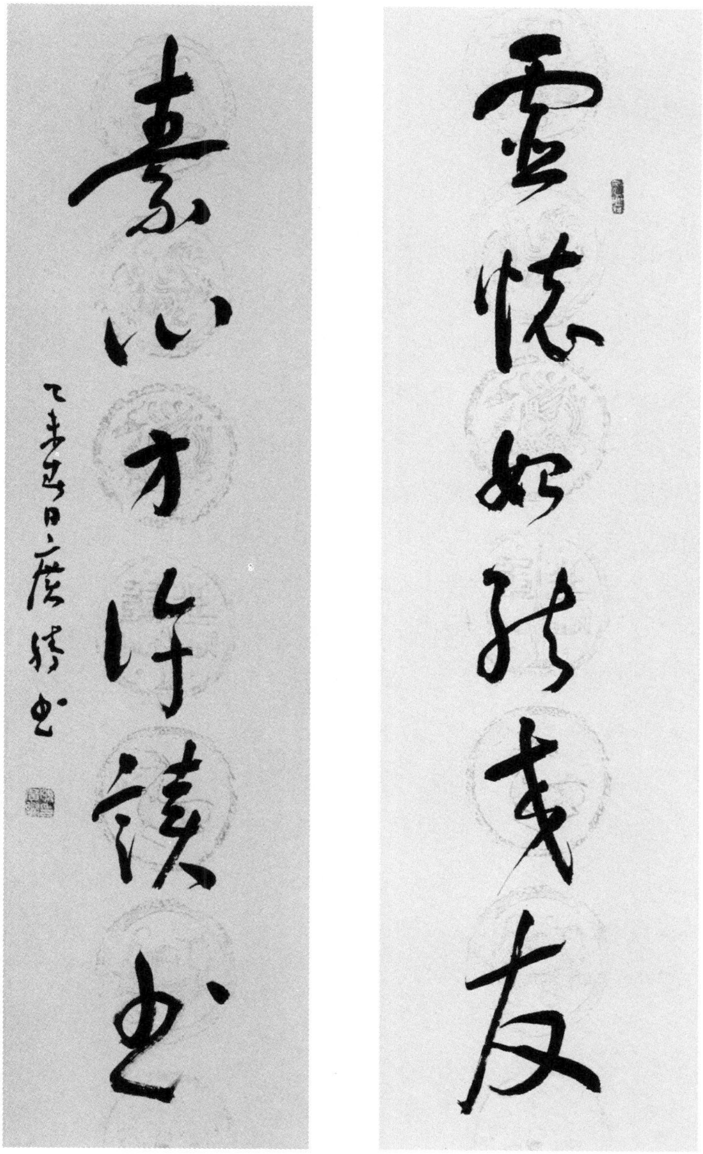

陈腾书

联文

大量度人，小心处事
正身率物，屈己为群

出处

黄炎培自勉联

读联随笔

这是中国民主革命家、教育家黄炎培早年的自勉联。

上联的“大量”，指气量大，胸怀宽宏。《晋书·车济传》：“（济）果毅有大量。”度人，就是推测他人，对待他人。上联是说，待人要宽宏大量，处事又要小心谨慎。这种待人处事的积极态度，不仅有利于工作和生活，也有利于身心的健康。清代散文家、享寿82岁的方苞在注解孔子的“仁者寿”时说：“凡气之温和者寿，质之慈良者寿，量之宽宏者寿，言之简默者寿，盖四者皆仁之端也，故曰仁者寿。”享年99岁的中国画家、美术教育家刘海粟在介绍自己的养生之道时曾说：“我没有特别的养生之道，最重要的是做人要宽宏大量、豁达乐观、宠辱不惊，这样，自然就会随遇而安，心旷神怡了。”

下联的“正身”，就是修身，端正自己的品行。《荀子·法行》：“君子正身以俟。”三国·魏·桓范《政务》云：“故为政之务，务在正身。”率物，做众人的表率。屈己，委屈自己。下联是说，端正自己的品行，以做众人的榜样；为了群体的利益，宁可委屈自己，牺牲自我。

此联语言简意明，富于哲理，充分反映了作者立身处世的准则和为民谋利的志向。虽属自勉，亦可励人。

（明纯）

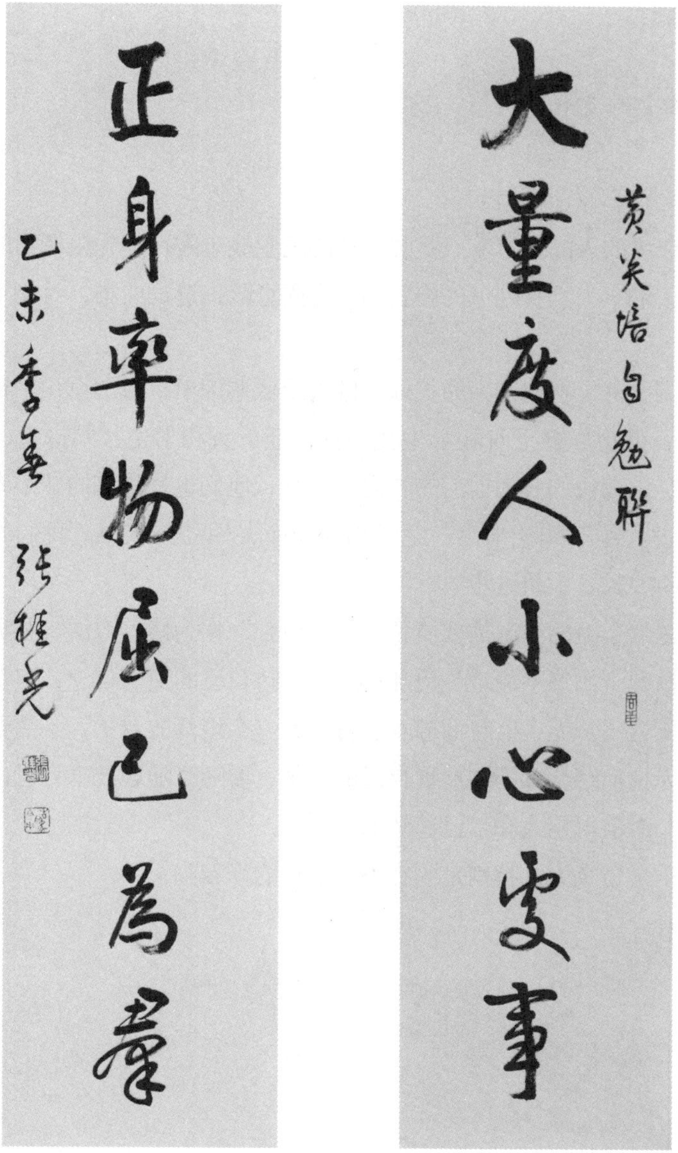

张桂光 书

联文

慧眼观人长处
正心慎我独时

出处

陶行知赠江兆虎联

读联随笔

此联是伟大的人民教育家、坚强不屈的民主战士陶行知先生撰写的对联，在当时就被人们奉为立身处世的座右铭。言简意赅，遣词典雅，对仗工整，格律精严。

上联强调要善于看到别人的长处，做人要低调谦卑，海纳百川。正像陶行知先生一样，他倡导低下身和学生交朋友，低下头和学生共同探索，并发现“小孩不小”，在我们成为他们的“先生”时，他们也是我们的“小先生”。就这样，在“先生”和“学生”之间相互变换、相互交流中，我们的“大先生”才会不断成长、不断进步。

下联讲求“干净的灵魂需要慎独”，“慎独”作为修养方法，强调在没有外在监督的情况下始终不渝地、更加小心地坚持自己的道德信念，自觉按道德要求行事，不会由于无人监督而肆意妄行。做一个坦荡的君子，不需要别人来约束自己。无论何时，都不要展现自己的丑陋，要随时随地要求自己做一个高尚的人，做一个值得别人和自己尊敬的人。

这，不正是当今为人特别是为官不可或缺的修养吗？

（明纯）

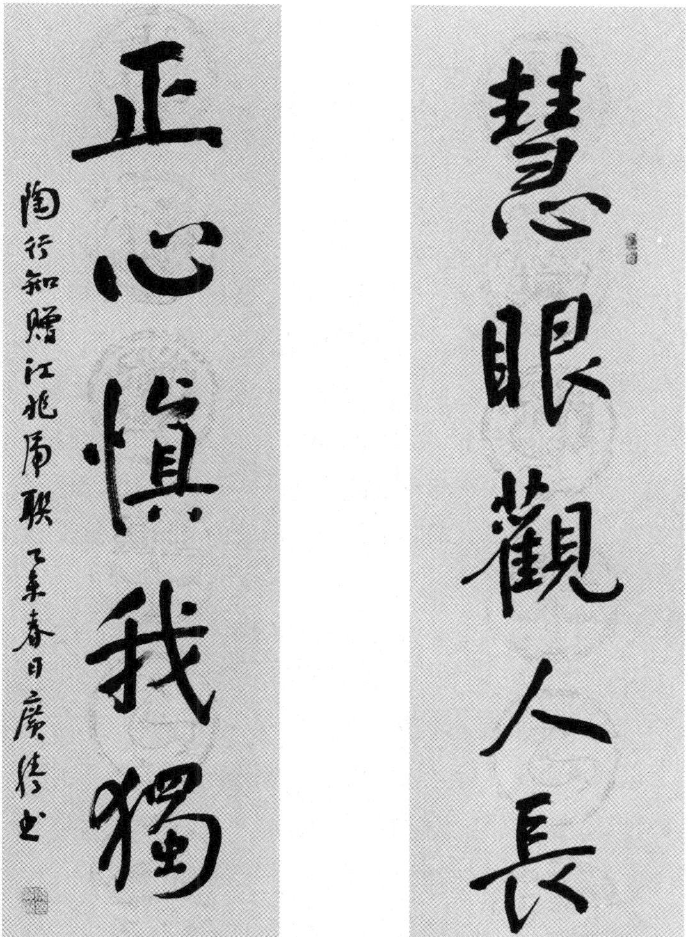

陈广腾 书

联文

博学于文，行己有耻，亭林毕生铭诸座
为人谋忠，与友交信，曾子每日省吾身

出处

蔡元培为“四教厅”书联

读联随笔

核心价值观事关一个民族的精神追求，事关是非曲直、真假美丑的判断标准。我国传统文化中的仁、义、礼、智、信，具有广泛的影响，《论语》中“仁”的概念是“己欲立而立人，己欲达而达人”“己所不欲，勿施于人”。这既可以作为德行的标准，又可以作为行为的规范，是儒家最基本的价值取向。讲仁爱、重民本、守诚信、崇正义、尚和合、求大同的思想精华，使优秀传统文化成为培育核心价值观的重要源泉。民间楹联从不同角度表达了修身立德、修己安人、以德临民、宅心于仁、和谐人伦的思想观点，比如这副对联便是。

蔡元培友人家有个“四教厅”，悬挂蔡先生撰写的一副阐明“四教”意义的联语：“博学于文，行己有耻，亭林毕生铭诸座；为人谋忠，与友交信，曾子每日省吾身。”亭林即明末清初大儒顾炎武，曾子为孔门高足曾参。《论语》中：“子以四教：文、行、忠、信。”在民间居所的厅堂中，常悬挂有“择居仁里和为美，善与人同德有邻”“种十里名花何如种德，修万间广厦不若修身”“传家有道惟存厚，处世无奇但率真”“事临头三思为妙，怒上心忍让最高”等对联。

（明纯）

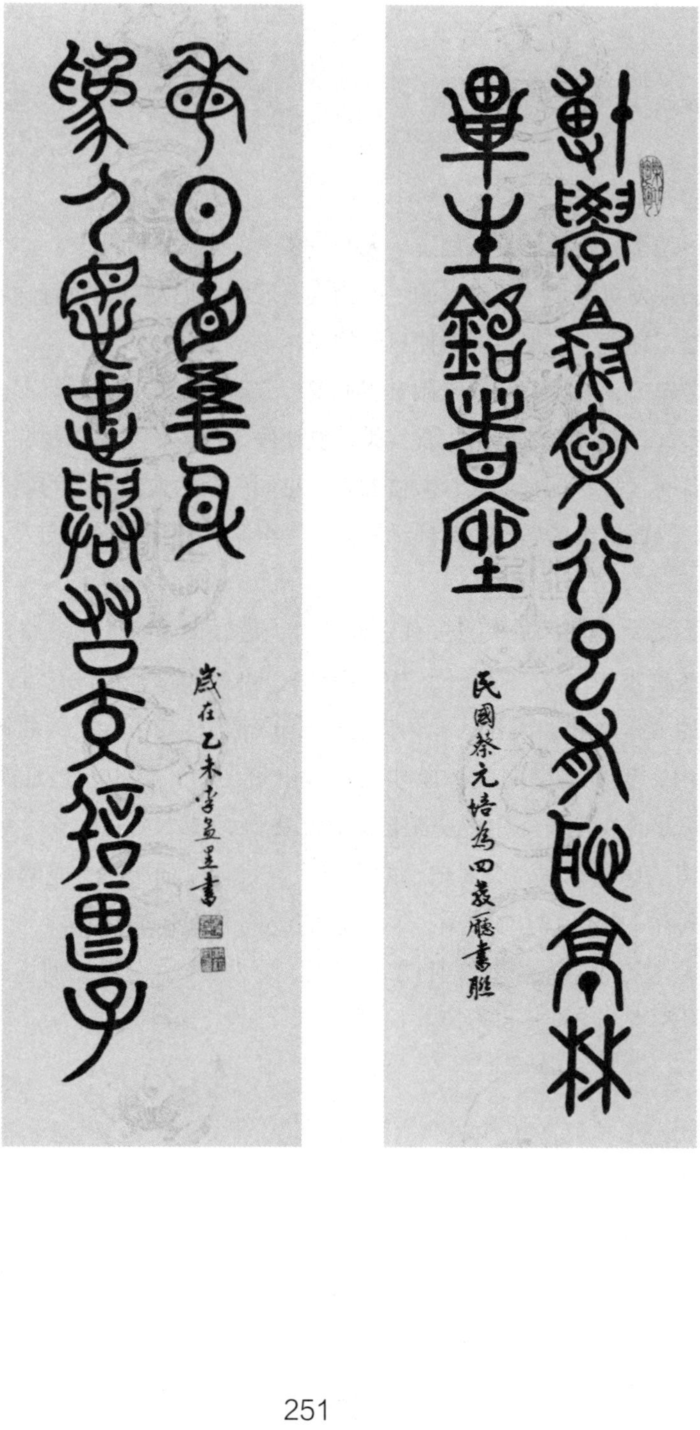

李孟昱　书

联文

立志不交无义友
回头当报有恩人

出处

佚名撰联

读联随笔

人的一辈子，不可能没有朋友。人的一辈子，也离不开朋友。

但是，朋友可不是随便结交的。因为人有好坏，朋友自然也有好坏。若交友不慎，交了坏朋友，很可能毁掉自己的一生。

两千多年前，孔子就谆谆告诫学生们说："益者三友，损者三友。友直，友谅，友多闻，益矣。友便辟，友善柔，友便佞，损矣。"意思是说，有益有害的朋友各有三种，正直的人、诚信的人、见闻广博的人是有益的朋友；谄媚逢迎的人，当面恭维背后却说你坏话的人，夸夸其谈、华而不实的人，是有害的朋友。

为人不交无义友，回头当报有恩人。为了走好自己的人生之路，要尽可能多交一些真正的朋友。荀子曰"蓬生麻中，不扶而直；白沙在涅，与之俱黑"，讲的就是跟什么人在一起，自己就成了什么样的人。在《西畴老人常言》一文中，也有"交朋友必择胜己者，讲贯切磋，益也。追随游玩，损也"，意思是说交朋友一定要交比自己人品更好、能力更强的人，经常在一起学习知识，切磋事理，会对自己的提高大有好处；而跟一些吃喝玩乐、游手好闲的人在一起，就容易变坏，对自己的成长十分不利。

与凤同飞应为俊鸟，与虎同行兽中之王。交人交君子，往来有道；栽树栽松柏，冬夏常青。交友不可不慎。

（明纯）

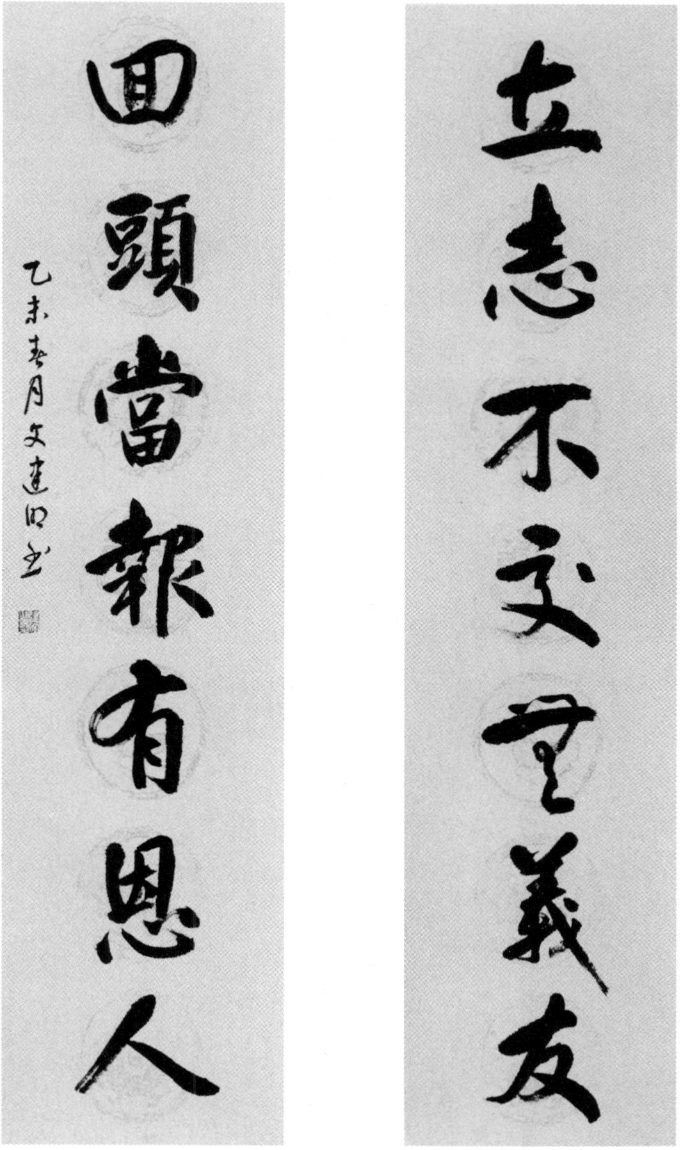

文建明　书

联文

交友以诚真面目
助人为乐热心肠

出处

当代·胡寅撰交友联

读联随笔

多个朋友多条路，有很多好朋友，是人生一笔永久的财富。人生最美好的东西，莫过于同别人的友谊。朋友就是靠山，朋友就是胆量，朋友就是力量。

物洁人喜，人纯人爱。只有心诚，才能友多。实话是友谊的纽带，谎言是信赖的敌人。一个人如果谎话连篇，随口许诺，这种人便不诚实、不可信。如果他借钱不还，逃避债务，拖欠工人工资，不履行既定协议，经常迟到早退，无故失约，这人就不可靠。或者平时用不到别人时，扬着头走路，用到别人时点头哈腰，这种“现用现交”的人，没有廉耻，功利思想严重，待人没有真情，也不该成为真正的朋友。

用人先看忠，交友先看德。无人愿住危险的房，无人愿交奸猾的友。买物重质量，交友重品德。夫妻贵在忠贞，朋友贵在忠诚。不忠之属狐看鸡，不诚之友狼看羊。把最诚的心给予无心之人，把最深的情给予无情之人，是人生最大的悔恨。交一个品德不良的朋友，等于在身边埋了一颗定时炸弹。因此，我们交友时，切记以品德为重中之重。这是交友的基本原则。

（明纯）

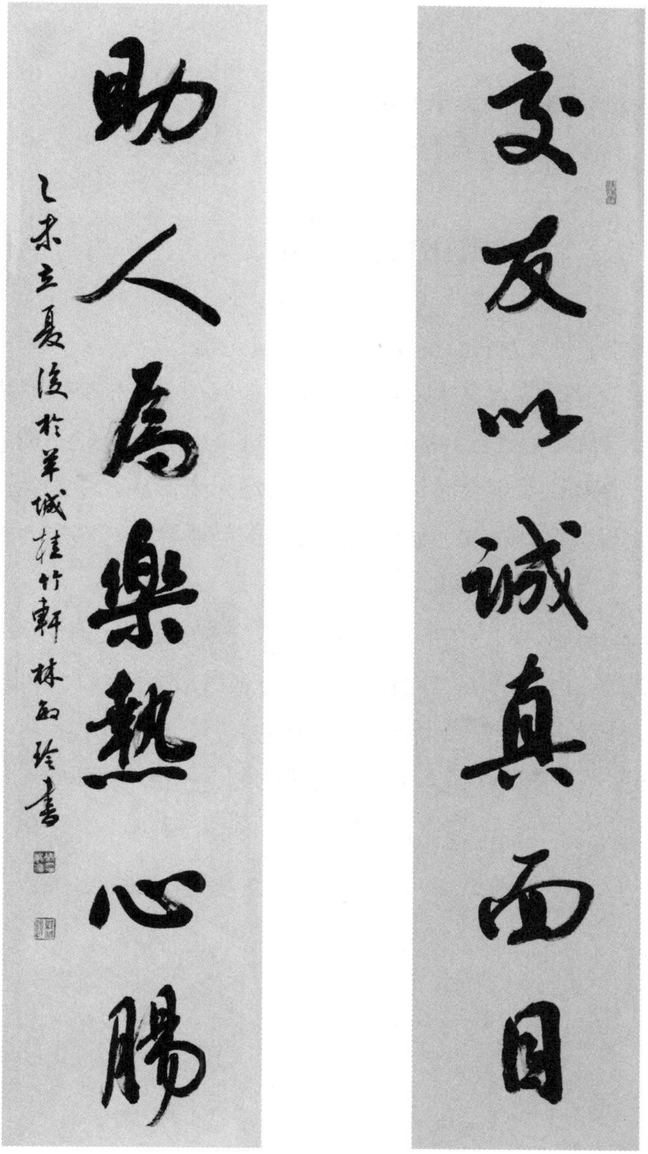

林敏玲　书

联文

以文长会友
唯德自成邻

出处

唐·祖咏《清明宴司勋刘郎中别业》诗

读联随笔

此联的大意是：常常以赋诗论文与朋友相会，只选择有德行的人像邻居一样密切来往。

以文会友，指通过文字来结交朋友。出自《论语·颜渊》："君子以文会友，以友辅仁。"这是古代文人交往、交友的礼俗。文人相交轻财物而重情谊、才学，故多以诗文相赠答，扬才露己，以表心态。唱酬是通行的方式，即以诗词相酬答。在宴饮等聚会时，更是不可有酒无诗，流行尽觞赋诗之俗。现在人们把朋友聚会赋诗论文、研讨文艺方面的问题称为"以文会友"，颇多雅兴。

以德为邻，与有德行的人为邻居融洽相处、交往。这里还有个小故事，表达的是同样的意思。南北朝时，季雅罢官回乡，在吕僧珍旁买了一间房。僧珍问花了多少钱，季雅说一千一百万钱。僧珍认为太贵，季雅却说："一百万买房子，一千万买邻居。"为了能与有德行的人为邻，不惜一掷千金。

（明纯）

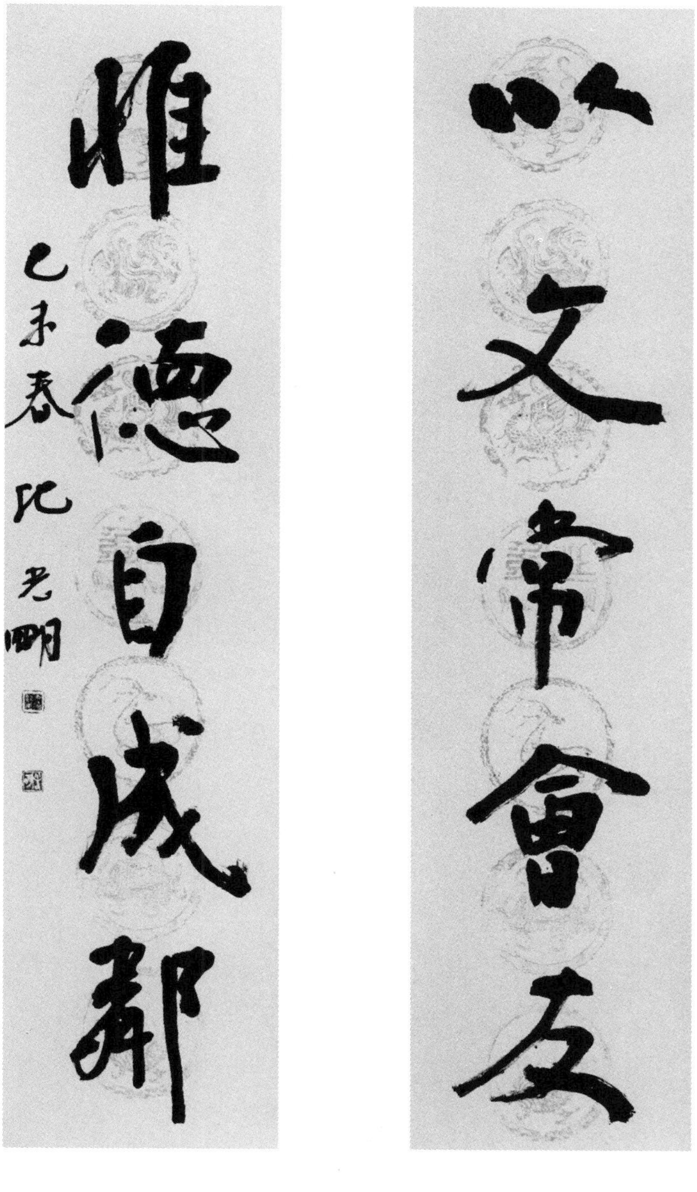

纪光玥　书

联文

心因好善乐
貌为礼贤谦

出处

唐·白居易《奉和汴州令狐令公二十二韵》诗

读联随笔

此联出自唐代有“诗魔”和“诗王”之称的白居易的《奉和汴州令狐令公二十二韵》诗。他的诗歌主张和诗歌创作，以其对通俗性、写实性的突出强调和全力表现，在中国诗史上占有重要的地位。

“令狐令公”名叫令狐彰，为安庆绪部将，率军取滑州，任滑郑汴节度使，降唐后任滑亳节度使。滑、亳离乱之后，治军重农，治军有方，军队秋毫不犯。其人沉着果敢，知书传大义，善书法。这是一首和令狐彰且押“淹”韵的诗，应是白居易任河南尹时赴令狐彰宴会所作。可惜不知道白居易所和的令狐彰原诗，只能看到这首和诗。

“心因好善乐，貌为礼贤谦”，描述的是令狐彰喜欢做善事，乐意施舍；对贤者以礼相待，对学者非常尊敬。令狐彰治军严整，礼贤下士，勤政廉洁，仪态端方，即使放到今天看来也不落伍，堪称为官楷模。

（明纯）

李孟昱　书

联文

善纳真如海
能容即是天

出处

清·戴兆元《天临海镜》诗

读联随笔

《冷庐杂识》记载，杭州一个举人叫戴兆元的，善于写诗，嘉庆年间戊辰会试时，他的朋友生病了请他代考，考试出的题目是“天临海镜”，戴兆元写下了“善纳真如海，能容即是天”的诗联，他的朋友因此考取了贡生，可戴兆元自己却屡考不中，一辈子坎坷。

《冷庐杂识》共八卷，清人陆以湉撰，此书是作者根据自己读书所得及平昔见闻随笔漫录而成，故名“杂识”。书中记载了清代及清以前文人学者的学行、经历和交游情况，谈论其为人，品评其作品，说明其师承关系及学术源流。

戴兆元的故事算是个小悲剧，但“善纳真如海，能容即是天”的联句能传唱至今，也足以告慰这位才子了。

（明纯）

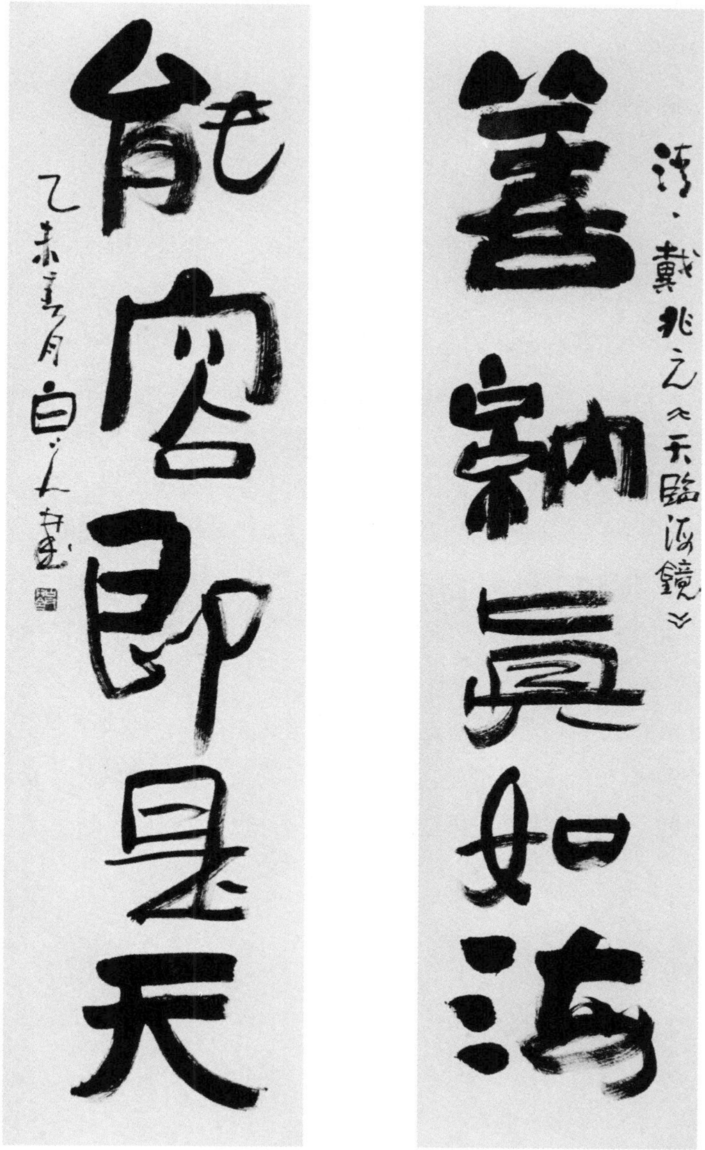

许固令 书

联文

待人宽三分是福

处世让一步为高

出处

佚名处世联

读联随笔

“待人宽三分是福”，利人是利己的根基；“处世让一步为高”，退步即进步的张本。

宽以待人，以宽宏大度的态度来对待别人。明代罗贯中《三国演义》第六十回：“某素知刘备宽以待人，柔能克刚，英雄莫敌。”刘备为人谦和，礼贤下士，宽以待人，志向远大，知人善用，素以仁德为世人称赞，是三国时期著名的政治家。夷陵之战中，刘备大军溃败，部将黄权在不得已的情况下，率军投降曹魏，当时大臣们都劝刘备将黄权全家满门抄斩，刘备却说，黄权投降曹魏是不得已的举动，还说：“黄权并没有辜负我，是我辜负了黄权。”身居高位，有如此广阔的胸襟，实为难得，所以后世人都以“宽以待人”评价刘备。

为人处事宜宽厚，虽然有时退让和宽容是建立在自己的苦忧之上，也应该把快乐让给别人。乐的结果可能转化为苦，苦的结果也可能转化为乐，苦乐相循是自然法则。苦尽甘来乃是不变的真理。

（明纯）

关则驹 书

联文

见善则迁，有过则改
功崇唯志，业广惟勤

出处

清·赵曾望续清·王晋集句联

读联随笔

“见善则迁，有过则改”典出《周易·益·象》。意思是，见到美好的人和事就努力学习，有了错误就马上改正。

人不可能没有过错，重要的是能够及时改正。唐朝时，唐太宗下令修筑洛阳宫，大臣张玄素上书说：“修筑宫室不是当务之急。隋朝营建宫室，劳民伤财。陛下役使百姓，承袭隋朝灭亡的弊端，祸乱恐怕比隋炀帝还要大。”唐太宗对这位大臣说：“你说我不如隋炀帝，那么，与桀、纣相比怎么样？”张玄素说：“如果不停止修建洛阳宫，恐怕也要和他们一样遭到变乱。”于是，唐太宗下令停止修建洛阳宫。

“功崇惟志，业广惟勤”出自《尚书·周书》。意思是，取得伟大的功业，是由于有伟大的志向；完成伟大的功业，在于辛勤不懈地工作。全句译意为，功高由于有志，业大由于勤劳。

周成王灭了淮夷，回到王都丰邑，和群臣一起总结周家（即周王朝）成就王业的经验，并向群臣说明周家设官分职用人的法则。其中他在教训“官君子”（各级官长）要忠于职守、勤于政务时，说道：“你们要认真对待你们的职责，不能怠惰忽略。你们要知道，功高由于有志，业大由于勤劳。”

（明纯）

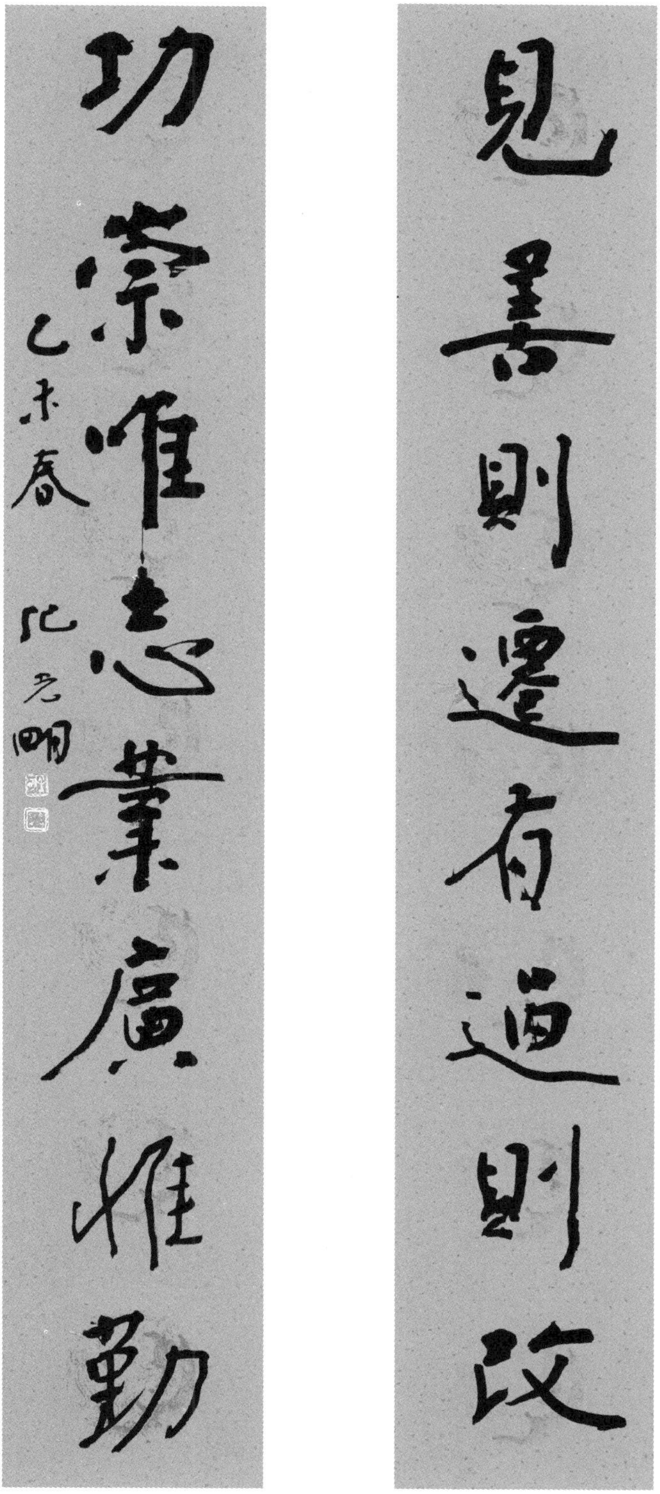

纪光明　书

联文

积善虽无人见
存心自有天知

出处

清·钱彩、金丰《说岳全传》第一回

读联随笔

在很多佛教寺院中经常可以看到这样一副楹联：“积德虽无人见，诚心自有天知。”人为善，福虽未至，祸已远离；人为恶，祸虽未至，福已远离；行善之人，如春园之草，不见其长，日有所赠。做恶之人，如磨刀之石，不见其损，日有所亏。福祸无门总在心，作恶之可怕，不在于被人发现，而在于自己知道；行善之可嘉，不在于别人夸赞，而在于自己安详。

同仁堂有一条祖宗传下来的古训——“修合无人见，存心有天知”。在电视剧《大宅门》的很多场景里面，我们不时可以看到一块镌刻有“修合无人见，存心有天知”的舒同字体老匾。“修合”一词，最早出现于北宋年间，是一个有关中药采制过程的术语。修，指对未加工药材的炮制；合，指对药材的取舍、搭配、组合。修合就是指中药的采集、加工、配制过程，它涉及药材的产地、成色、质量、加工等因素，直接影响中药的疗效。“修合无人见，存心有天知”的意思是在无人监管的情况下，做事不要违背良心，不要见利忘义，因为你所做的一切，上天是知道的。这句古训，与“积德虽无人见，行善自有天知”表达的也是相同的道理。

（明纯）

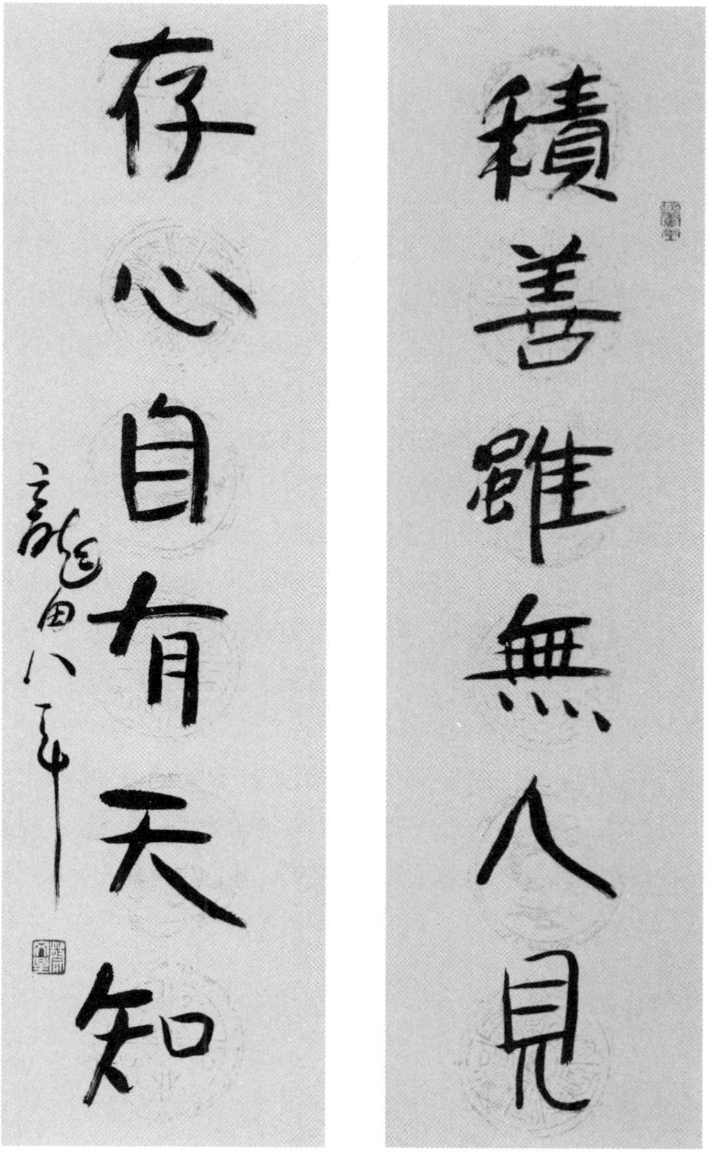

蔡文星 书

联文

平心乃能用事
大度足以容人

出处

清·顾翰集《争座位帖》联

读联随笔

上联“平心乃能用事”，意思是心平气和才能客观处事。如《礼记·深衣》：“下齐如权衡者，以安志而平心也。”又如成语“平心而论”，意思就是平心静气地给予公正评价。出自清代纪晓岚的《阅微草堂笔记·滦阳消夏录一》：“平心而论，王弼始变旧说，为宋学之萌芽。”

下联“大度足以容人”，意思是为人心胸宽广，气量大，能容人。关于大度容人，宋朝重臣韩琦的一个故事广为流传。韩琦任北都行政长官时，他的一个表兄弟献给他一只十分宝贵的玉盏，韩琦十分高兴，邀请众多属下前来饮酒观赏。其间，一个小吏不小心把玉盏摔得粉碎，在座的客人都很惊愕，那个小吏更是吓得趴在地上瑟瑟发抖。韩琦却笑着对在座的宾客说：“东西总有它破损的时候。”又对那个小吏说：“你只是不小心，不是故意的，又有什么罪呢？”韩琦大度容人的美名从此传扬天下。

俗话说，“宰相肚里能撑船”。这是对心胸开阔者的一种赞美。“不责人小过，不发人隐私，不念人旧恶，三者可以养德，亦可以远害。”宽容别人，方能建立起良好的人际关系；宽容他人的过错，才会赢得朋友，赢得别人的佩服与尊敬。

（明纯）

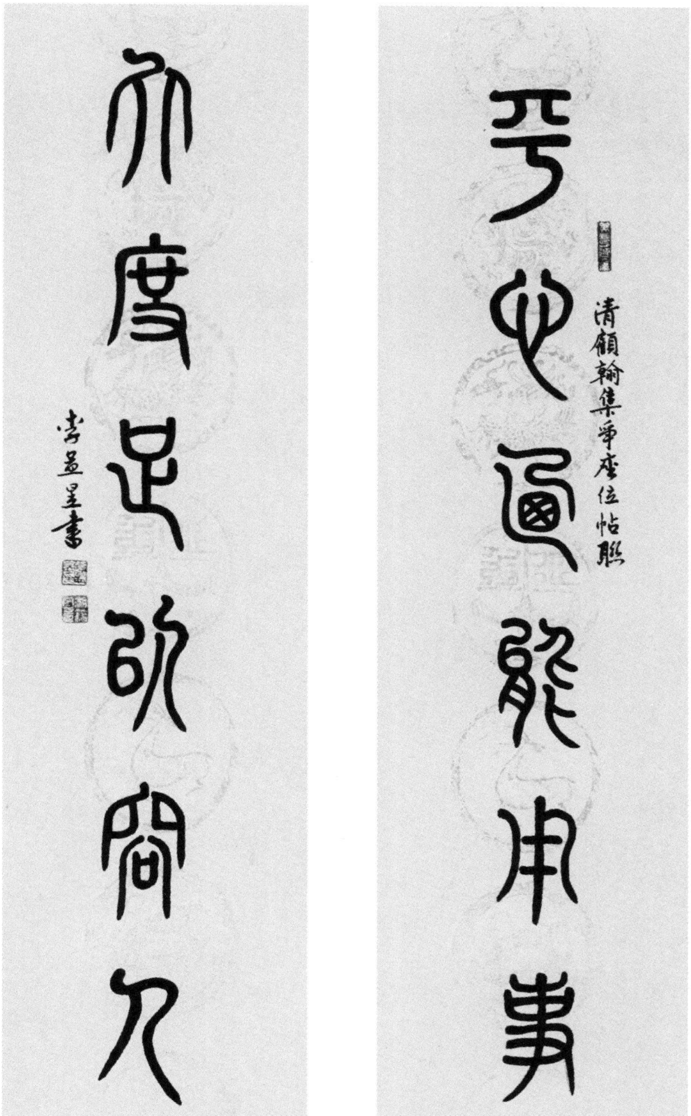

李孟昱 书

鸣 谢

《美联会心》一书的出版，受到了广东省书法家协会、南方书画院的大力支持，20位广东书画名家不吝笔墨，现场挥毫，为我们创作了精彩纷呈的书法作品，谨将名字列于此处，以志谢忱！

（按姓氏笔画排序）

文建明、王春芙、乔　平、关则驹、刘小毅

纪光明、许固令、许鸿基、张桂光、李志东

李孟昱、陈广腾、陈春盛、林敏玲、钱海源

陶第迁、黄　峨、雷　铎、蔡文星、谭文选

南方日报出版社

2015年9月